MW01228977

Los Cibils del siglo XIX

en el Río de la Plata

CLASIFICACION THEMA
J – Sociedad y Ciencias Sociales
JBSP – Grupos por edades y generaciones
NHQ – Historias de Países y regiones concretos
JPF – Ideologías políticas

Los Cibils del siglo XIX

en el Río de la Plata

Dr. Daniel M. Cibils Ferrari

© 2020 Daniel M. Cibils

ISBN 978-9915-40-018-1

Impreso por Insprinta - Gráfica Mosca
Montevideo – Uruguay. Tel: (598) 2408 3049
Depósito Legal: 378.054

Diseño de cubierta: Daniel M. Cibils
Grabado de cubierta: Montevideo 1877, colección del autor
Portada: aguafuerte de Montevideo siglo XIX, colección del autor

Dedicatorias:

A Teresita Cibils de Bell, Carlos Emilio Biscay, Joan Manuel Antem y Manuela da Camara Falcão, por su amistad y el gran placer de haber trabajado juntos en la historia de la familia desde el año 2000.

A Hugo Cibils Martínez que nos regaló el primer árbol familiar.

A mi padre, que me trasmitió el orgullo por su familia arraigada al país desde la independencia.

A mi esposa Carmen, por su paciencia y cariño con mis búsquedas genealógicas.

A mis hermanos, Enrique y Mercedes,

A mis hijos Santiago y Lucía,

A mis sobrinos Federico, Gonzalo y Rodrigo,

Y a mis nietos Facundo, Julián y Agustina.

Agradecimientos:

A varios miembros de la familia local y a la familia extendida por el mundo, con quienes nos reencontramos en el estudio de nuestra historia familiar.

Agradezco especialmente el haber enriquecido este libro con fotos, memorias y comentarios a:

Norberto Cibils Dutra, quien además prologó este libro y revisó el manuscrito.

Osvaldo Javier Acosta Queirolo, que nos aportó información genealógica decisiva en varios aspectos.

Graciela Amábile Cibils   **Nelly Teresita Cibils Goñi**

Gabriel Vazquez Amábile   **Fernando do Santos Cibils**

José Luis Sibils Ensesa   **Gianella Wojciechowsky Cibils**

Luis A. Cibils Saccarello   **María Noel Giulio**

Al **Cap. de Navío Daniel Quevedo y a la Sra. Rossana Rau** del Museo Naval, Armada Nacional, por su apoyo en la búsqueda de antecedentes sobre el Tte. Manuel E. Cibils y el aporte de bibliografía relacionada.

A la **Biblioteca Nacional de Uruguay** y su Hemeroteca digital.
A la **Facultad de Información y Comunicación de la UDELAR**
A la **Biblioteca Nacional de España**
A la **Sociedad Genealógica de Utah, portal FamilySearch**
A la **Secretaria Municipal de Medio Ambiente y Turismo de Cáceres**, Mato Grosso, Brasil, especialmente a la Sra. Martha Rita Baptista, que en el año 2000 nos aportó documentación sobre Descalvados.

PREFACIO

"Somos todos parientes" es una expresión que menciona Daniel Cibils Ferrari en este trabajo, y que hemos tenido presente en la familia en las últimas décadas.

Éramos conscientes de un origen común, sin poder precisarlo, y con varias generaciones de familias numerosas, la familia se multiplica y aumentan los integrantes con quienes nunca hemos tenido contacto o a veces muy esporádico.

Con Daniel nos conocimos hace unos años, por amigos comunes, y por su intermedio me enteré de la historia de los Cibils Calvet, que desconocía.

Desde hace muchos años, Daniel ha hecho un trabajo muy tenaz, buscando datos e información, y estableciendo contactos con parientes en Paraguay, Argentina, Brasil, Portugal y España.

Cuando me enteré de que estaba buscando publicar sus hallazgos, me ofrecí a colaborar en lo que pudiese aportar, y ha sido un honor para mí que me ofreciera escribir este prólogo.

Es curioso cómo se viven esas situaciones en cada familia, en la mía no se hablaba prácticamente de los antepasados, se sabía que teníamos uno tan famoso que tenía calle y camino, Jaime Cibils i Puig, mi tatarabuelo, que había venido de Catalunya, pero poco más. Mi abuelo había fallecido muy joven, en 1924, con 44 años, en la Provincia de Buenos Aires, donde trabajaba, dejando a mi abuela con seis hijos, mi padre el mayor con trece años, que debieron regresar al Uruguay y repartirse a vivir con varios tíos, y luego debieron comenzar a trabajar muy jóvenes, quizás por eso se había cortado parte de la tradición familiar.

Posteriormente, por diversas publicaciones, comencé a enterarme de la historia. Por el lado paterno, logré ir armando el árbol, principalmente a partir del trabajo de Carlos Biscay. Por el lado materno, tengo muy escasa información, hasta desconozco el segundo apellido de mi abuela, y cuando se lo pregunté a hermanos y primos, nos dimos cuenta de que nadie lo sabe y hemos tenido tíos que vivieron muchos años, pero en ese momento no nos preocupamos en preguntar porque no nos interesaba.

Buscando antecedentes, se verifica algo de lo mencionado en este trabajo, sobre el papel de la mujer en el siglo XIX, importante y casi invisible, hasta cuesta encontrar fechas de nacimiento y fallecimiento. La visibilidad la tuvieron los gobernantes, los militares, los libertadores, todos hombres, mientras que las mujeres debieron hacerse cargo de mantener a sus familias, de manejar los negocios, influir desde su casa, desde su viudez, destierros de sus maridos y falta de ellos en épocas de guerras y revoluciones, debiendo hacer maravillas para defender su patrimonio y el de sus hijos en largos periodos de incertidumbre.

¿Por qué hurgamos en la historia de nuestros antepasados?
Muchas veces nos hacemos esta pregunta. ¿Qué es lo que nos motivó?
Para algunos, historiadores o genealogistas, fue una motivación profesional, de conocer las líneas de la historia o las estructuras de las familias. De estudiar la historia de los grandes acontecimientos, batallas, revoluciones, invasiones, los historiadores de fines del siglo XX han preferido poner la lupa e ir a ver cómo vivieron las personas, "la gente", esos acontecimientos, o sea pasar de un enfoque global, mirando las estatuas, a un enfoque humano, a intentar comprender "la vida" de hombres y mujeres.
A algunos nos resulta interesante analizar lo que se vivió en nuestras zonas de influencia, y en lo posible por nuestros antepasados, insertos en esa historia, siendo conscientes que cada uno vivió su época de acuerdo a sus capacidades, virtudes y limitaciones, de acuerdo a las costumbres de la época, sin pretender juzgarlos con los conceptos actuales.
Nadie elige su familia de nacimiento, así como lugar, ni época, por lo cual se pone en ridículo el que lo considera una distinción, pretendiendo una superioridad con ello.
Los genes y el entorno familiar dan una base importante al desarrollo personal, pero no el más importante, todos conocemos miembros de la misma familia, con la misma carga genética y el mismo entorno, habiendo desarrollado sus capacidades y su vida en forma totalmente distinta.

La historia de nuestra familia en el Rio de la Plata, es la historia del siglo XIX en la región, con procesos de independencia, inmigración, guerras civiles, revoluciones, invasiones, destierros, "influencias" de potencias europeas, debiendo desarrollar habilidades de supervivencia en ese ambiente.
En el proceso educativo que me tocó vivir, no se enseñaba casi nada de esa época, la historia terminaba cuando Artigas se fue al Paraguay. Me he ido enterando por mi cuenta y más bien en los últimos años, y evocar las vicisitudes de nuestros familiares en ese contexto es una buena manera de aprender sobre la época.

A lo largo de la vida, cuando ya tenemos algunas décadas de juventud acumulada, parece verificarse una constante, se nos despierta a veces un interés por conocer en lo posible la historia, los antecedentes de nuestra familia, nuestros mayores, el entorno en que vivieron, como era nuestro país y la región en que debieron actuar, y ya no tenemos a quien preguntar, y a su vez, cuando los tuvimos, nos interesó muy poco averiguar, estábamos ocupados en otras cosas.

Somos conscientes que a muchos de nuestros hijos y nietos este libro no les va a interesar demasiado, pero reunir los antecedentes y publicarlo, implica que van a poder conseguirlo y consultarlo dentro de varios años, cuando se les despierte ese interés.

En pleno siglo XXI tenemos el contraste, que por un lado gran parte de la comunicación actual es efímera, y parecen más importantes las redes sociales que los libros y por otro lado, Internet nos permite un acceso inmenso a información digital pasada y presente, en un mar de datos en donde a veces nos cuesta mucho separar la sustancia de la chatarra. Pero por contraste, para ir hacia atrás, a veces no hay más remedio que recurrir a los archivos parroquiales.

Cuando, desde nuestra perspectiva siglo XXI, con abundancia de bienes y servicios, alcanzables no sin dificultades, con consumos en buena parte superfluos, damos un vistazo a la vida de nuestros antepasados, en este caso del siglo XIX, las condiciones de su entorno, los riesgos e incertidumbres que los rodearon, no podemos sino respetarlos, sabiendo que tuvieron aciertos y errores, como todos los seres humanos, tomando sus decisiones según las costumbres de la época, con la información y conocimientos que estaban a su alcance.

Vivieron revoluciones, invasiones, levas, destierros, pérdida de bienes, falta de certeza jurídica, pestes, sistemas médicos precarios, sin vacunas, y en ese ambiente varios de ellos lograron destacarse, generando valor y contribuyendo al bienestar de la sociedad, y creando una familia que nos cobija y nos dio nuestra oportunidad de crecimiento personal.

No necesitamos ir demasiado lejos, mi abuelo Cibils Larravide murió en 1924 de pulmonía, porque no había todavía medicamentos para tratarla. Tuve oportunidad de viajar al interior del Uruguay con mi otro abuelo, nacido en 1874, y al pasar por un pueblo contó: "aquí parábamos a cambiar los caballos de la diligencia".

La participación de los inmigrantes catalanes en el desarrollo de nuestro país, aún desde antes de su independencia, es un proceso muy interesante. Sin entrar en consideraciones históricas, a partir de los primeros viajes de descubrimiento españoles al Rio de la Plata, los vínculos militares y comerciales estaban reservados a Andalucía y los catalanes tenían prohibido el comercio con las colonias. Muy a principios del siglo XIX, Félix Buxareo viene de polizón en un barco. Sobre 1811 llega José Cibils i Martí, como piloto de un barco. Ya en 1831, Jaime Cibils y Puig y sus hermanos llegan en un viaje "normal". Luego Manuel Edelmiro es enviado a Europa a estudiar en la Escuela Naval de Barcelona, y posteriormente ingresa a la Marina.

La primera actividad de todos ellos en una región incipiente es el comercio, y las primeras industrias, los saladeros, produciendo bienes para poder comerciar internacionalmente con volumen.

Desde nuestra perspectiva, resulta interesante la importancia y desarrollo de las comunicaciones y medios de transporte, básicos para el comercio.

En las escuelas de comercio de Catalunya y Marsella (donde estudió Jaime), era fundamental aprender navegación. Los barcos eran el medio de comunicación y transporte para los viajes interoceánicos, y los capitanes tenían gran responsabilidad en el éxito o fracaso de la expedición comercial.

En nuestro mundo actual globalizado y de comunicación instantáneas, con cadenas de valor en evolución continua, enfocadas principalmente en la logística, lo financiero y la abundancia, nos cuesta imaginarnos ese mundo de navegación a vela, con comunicaciones y transportes que demoraban meses, sistemas financieros precarios, riesgos abundantes y escasez crónica.

Del comercio y los saladeros, que dependen de los barcos, pasan a tener barcos propios, y cuando detectan que en el Atlántico, no hay servicios de reparación de barcos al sur de Río de Janeiro, y un percance implica la pérdida del barco o grandes costos de traslado, encaran la construcción del Dique.

A su vez, las incertidumbres políticas del siglo XIX arrastran las financieras, en confusos panoramas de gestión gubernamental, grandes endeudamientos de los gobiernos, empréstitos forzados y compromisos con los comerciantes, principalmente extranjeros, e interferencias de potencias extranjeras defendiendo sus intereses comerciales, principalmente Francia, Gran Bretaña y Brasil.

Para abastecer a los saladeros, manejan estancias, para fortalecer la actividad comercial, fundan el Banco Comercial, que llega a emitir moneda. Incursionan en la actividad cultural, participando en la construcción del Teatro Solís y luego Jaime Cibils i Puig, construye el Teatro Cibils. La familia crece, tienen numerosos hijos, su espíritu emprendedor no decae, más bien se multiplica y encaran emprendimientos de mayor riesgo en Paraguay y en Mato Grosso, Descalvados.

Desde nuestra perspectiva, pensar en las distancias, tiempos, traslados y comunicaciones con esa región, en esa época, nos revela un entusiasmo por la aventura comercial que desborda nuestra imaginación. Logran llegar hasta los consumidores, con su propia marca, y con las tarjetas victorianas "Cibils", una innovación de marketing de acuerdo a los medios de la época.

Con su esfuerzo, logran construir una fortuna, con la "Xarxa" comerciando entre varios países de América y Barcelona, como ilustra este libro.
El fallecimiento de Jaime Cibils i Puig en 1888, de su esposa Plácida Buxareo en 1891, y de algunos de sus hijos entre 1899 y 1907, en pocos años, los numerosos descendientes y las vicisitudes comerciales, hacen que ya a principios del siglo XX esa fortuna se había evaporado, con una fecha simbólica para su final en el incendio del Teatro Cibils en 1911.

Se destaca en el trabajo de Daniel Cibils Ferrari, la participación de integrantes de la familia en las contiendas civiles de ese siglo, con las consecuencias de destierros y años pasados fuera del país.

Nos cuesta entender ese tipo de conflictos, con partidos políticos divididos, con familiares y hermanos en partidos enfrentados, con cambios de grupo de algunos participantes, y hojeando la revista Rojo y Blanco, de 1901, en pleno período de revoluciones, impresiona ver fotos y comentarios sobre los dos bandos en una versión informativa y poco comprometida.

En suma, un trabajo muy interesante y valioso, que debemos agradecer, recopilando información durante muchos años, que ordena y aporta conocimiento de la tradición de nuestra familia, con datos y fotografías muy poco conocidas.

Ing. Norberto Cibils Dutra

INDICE

PROLOGO

El estudio de los ancestros siempre provoca fascinación.

Nos sumergimos en el estudio de la familia antigua, a la que no conocimos, que se pierde, cargada de interrogantes y misterios más allá de nuestra historia contemporánea.

De toda la larga saga familiar, convivimos solamente con la "familia chica" que en general no son más de tres generaciones simultáneas que incluyen a abuelos, padres, hijos, hermanos, primos, etc.

Trabajar con la genealogía tiene el inconveniente de su encare fundamentalmente patriarcal. Perdura centralmente en el árbol familiar el primer apellido paterno como eje de sus estudios. El segundo apellido y los otros se van perdiendo en las generaciones.

Esta visión patriarcal fue casi absoluta en el siglo XIX que vamos a reseñar, así como en la gran mayoría de las crónicas de esa época.

La historia recoge datos y hechos de las figuras masculinas sobre el de figuras femeninas.

Nos proponemos, no obstante, en todo lo que nos sea posible, rescatar las figuras femeninas del olvido.

La verticalidad en el estudio de la genealogía en general predomina sobre el análisis horizontal de las familias.

Adicionalmente hay que lidiar con algún prejuicio, casi siempre de tipo proyectado, cuando algún allegado observando el trabajo genealógico pregunta sarcásticamente, si se está buscando algún "título nobiliario perdido de la familia".

Así que será bueno aclararlo desde el comienzo.

Hasta donde investigamos no existió ningún "noble o aristócrata" en la saga de los Cibils, explorando hasta casi el descubrimiento de América. Es posible que alguno de esos "escudos familiares" que circulan en la red no sean más que complacencia de alguna vanidad.

J. Atienza, citado en el libro de L. Platt, entre cientos de apellidos españoles nobiliarios, no incluye el apellido **Cibils** en su diccionario heráldico de apellidos y títulos nobiliarios.

Con sentimiento republicano, recuerdo la frase de José E. Rodó: **"no existe más nobleza que la del espíritu".**

Podríamos también, recordar a José Artigas: *"...olvidemos esta maldita costumbre, que los engrandecimientos nacen de la cuna..."*
(en carta al gobernador de Corrientes desde el cuartel de Paraná el 9 de abril de 1815)

Creo que lo que define a una persona será siempre lo que ella hizo de su vida con lo que recibió de sus padres y de su ambiente. Sea dicho esto en todos los sentidos; sea lo que creó, lo que malgastó o lo que destruyó.

Fruto de lo que estudiamos, se puede saber que "los Cibils" del siglo XIX fueron dedicados al comercio en su mayoría.
Militares, solamente encontramos a Manuel Edelmiro Cibils en la Armada a mediados del siglo XIX, a su hermano Floro y a alguno de sus sobrinos que figuraron con cargos de suboficiales o soldados durante las guerras civiles, aunque los cargos de estos últimos seguramente no fueron cargos de carrera.

Por razones de naturaleza económica y política nuestros ancestros se cambiaron de continente a inicios del s. XIX, como tantos otros inmigrantes lo hicieron desde entonces en sucesivas oleadas, si bien la primera ola de inmigrantes fue ordenada y con un vínculo ya pactado en el lugar de destino ya fuese un coterráneo o un familiar.

Paradoja del siglo XX, las desdichas económicas y políticas hicieron que algunos hijos y nietos de aquellos inmigrantes tuviesen que emprender el camino inverso y en forma menos ordenada.

Conocí a mucha gente valiosa estudiando la familia que me será grato consignar aquí.

Hablar de todas ellas es una labor imposible, así que me centraré en este libro en algunos personajes relevantes del siglo XIX por su notoriedad en diferentes campos.

Este libro estará mayormente centrado en la familia de Uruguay, desarrollando en especial a los descendientes de José Cibils i Martí.

La rama Cibils Buxareo ha sido objeto de estudios genealógicos y de historiografía económica, por lo que sería una falsa erudición resumir y repetir aquí lo que puede ser estudiado más en detalle en las fuentes originales que señalaremos más adelante.
Sobre esta rama familiar incluiremos memorias, documentos, pinturas y otras imágenes que los estudios previos no ilustraron y que fuimos recolectando en el tiempo.

Aspiramos a plasmar el recuerdo de las dos o tres primeras generaciones de la familia del siglo XIX, sus memorias y realizaciones. Nuestro deseo es que sirva como referencia, de una especie de "ancla en el pasado", o punto de partida para todos los jóvenes que deseen estructurar desde aquí en más su historia familiar particular.

Hay varias razones algunas racionales y otras no, que subyacen en este trabajo.
En cada familia perdura la memoria de algunos de sus integrantes queda entre sus descendientes cargada de valoraciones emotivas.
Mi padre fue un admirador de su abuelo, Manuel Edelmiro Cibils y de sus tíos abuelos que participaron en las revoluciones de ese siglo.

De niño, conocí una familia paterna muy extendida. Llegaban a mi casa cartas y también personas de la familia grande de varios lados de la cuenca del Río de la Plata y de ciudades del Uruguay.
Entre algunos recuerdos evoco al Dr. Luis A. Cibils, médico paraguayo, hermano de Teresita. Fue recibido por mi padre cuando vino a estudiar a Montevideo cuando yo era un niño de unos seis años y tengo algunas fotos con él tocando su arpa paraguaya en mi casa,

hace 63 años. Nos hemos vuelto felizmente a reunir gracias a la redacción de este libro.

Mi tía abuela Venus Margarita Cibils desde Bs.As. escribía a mi padre cartas con prolija caligrafía y otras veces llegaban sus "llamadas internacionales" al teléfono de baquelita negra recién estrenado.

El primer árbol familiar que conocí me lo mostró un primo de mi padre, Hugo Cibils Martínez, notable genealogista amateur, a quien debemos el gran árbol de la familia uruguaya.

Mi padre atesoró recuerdos fotográficos de varias generaciones; cartas, documentos, objetos personales y hasta un sable de las guerras civiles, que llegaron hasta nosotros.

Yo estudié en un colegio que estaba en la esquina de las calles 8 de octubre y Jaime Cibils, barrio de La Blanqueada de Montevideo.
¿Cómo no interesarme quién había sido Jaime Cibils Puig?
También en el colegio me encontré con otros alumnos, con el mismo apellido Cibils, de ramas más lejanas y apareció la expresión habitual de "somos todos parientes", ¿no?

Siempre me gustó la historia nacional. Cuando estudié el siglo XIX del Uruguay y de la cuenca del Plata empecé a entender muchas cosas de la memoria familiar que me trasmitió mi padre. Su filiación blanca, su distanciamiento del P. Colorado, sus anécdotas de niño de la vida en el campo, etc.

En las vacaciones de semana santa, de niño, fuimos alguna vez con mi padre y mi hermano Enrique a lo que fue la estancia de su familia paterna; "Santa Isabel" a la salida hacia el norte de Paso de Los Toros. Alguna vez también, nos llevó al cementerio de la familia "Bálsamo" a orillas del Rio Negro, donde nos enseñó la historia de la familia materna y también a la iglesia del pueblo, que se llamaba así por su bisabuela, Isabel, madre del patriarca familiar Venancio Bálsamo.

Aprendimos mucho de la historia nacional estudiando la saga familiar.

La "pax batllista" de la primera mitad del siglo XX prefirió no enseñar en la asignatura de historia de secundaria casi nada de ese período de enfrentamiento civil, por sentirlo muy cercano en el tiempo.

Estudiando la familia aprendí de la historia del Uruguay del siglo XIX y de parientes que pelearon y murieron en los enfrentamientos civiles.

Nos encontramos por internet y luego personalmente con otros familiares lejanos y que se incorporaron desde entonces a "mi familia chica virtual", como lo son Carlos, Teresita, Manuela, Joan Manuel, Hugo, Norberto, Gianella, Noel, Graciela, Nelly, Gabriel, Javier, etc.

La cuarentena impuesta por la pandemia del 2020 me impulsó a concretar en un libro esta historia familiar con informaciones que hemos acumulado en los últimos 20 años y que se lo dejamos a las jóvenes generaciones de la familia.

Al finalizar la redacción de este libro tengo la satisfacción de haber podido reunir las cuatro ramas de la familia que vinieron al Río de la Plata en el siglo XIX; los descendientes de José Cibils i Martí, de los hermanos Cibils i Puig, de los Romaguera Cibils y de la rama Sibils.

Somos todos parientes.

Dr. Daniel M. Cibils

(danielcibils@gmail.com)

INTRODUCCION

Se cumple en esta década de 2020 unos dos siglos desde que nuestros ancestros arribaron al Río de la Plata.

En este álbum de fotos y de memorias familiares se reúnen hallazgos que encontramos durante el trabajo colectivo entre varios parientes que nos conocimos vía internet cuando se produjo la difusión mundial de la red en la década de los años 90 del pasado siglo XX.

Hace unos 20 años, nos encontramos con **Teresita Cibils de Bell** (Paraguay-España), **Carlos E. Biscay,** (Buenos Aires) **Joan Manuel Antem** (Barcelona) **y Manuela da Camara Falcao** (Lisboa), todos ligados por lazos de familia a "los Cibils".

Con placer y trabajo rastreamos "Cibils", (y todas sus variaciones: Civis, Sivils, Sibils, Cibil) **retrocediendo hasta el año 1367.**

Cito:

*"El Scibvils más antiguo que se conoce: **ANTONI CIVILS**, que en 1.367 firmó reconocimiento de la finca de Fornells de la Selva (en catalán, se dice que "va cabrevà")*
*Luego, el penúltimo (con un salto temporal que no se podrá rellenar): **JOAN CIVILS**, que el 1456 fue nombrado Síndico (de Fornells, supongo) y que contrató el retablo de la Iglesia de Fornells.*
*Luego conocemos (con otro salto temporal): **NARCIS PONS alias CIVILS** casado con CATHERINA, firmaron escritura de reconocimiento de la finca de los **Civils en Fornells**, en el Ferial de la Seo (la catedral) de Gerona, en 1539.*
*Luego aparece un **CIVILS** en 1590 que declara dos pares de bueyes y tres mulas. Por la fecha es muy posible sea el padre de:*
***ESTEVE CIVILS**, propietario de la finca según consta notarialmente en 1612 y también en 1627; y de **JAUME**, clérigo que tuvo la capellanía de Biert (Gerona) en 1605, fundó una causa pía para estudiantes y doncellas de*

la casa en 1621 y un personado para los descendientes de su hermano Esteve,
al que se cita como payés de Fornells.
ESTEVE no se sabe con quién se casó, pero tuvo como hijo a JAUME
(JACOBUS efectivamente) que se casó con CATHERINA (suponemos que
en Fornells)."
(email de Juan Manuel Antem del 26 oct 2000, tomado del sitio web de
Geneanet por C.Biscay).

Joan Manuel Antem y Osvaldo Javier Acosta Queirolo como genea-
logistas profesionales, han realizado importantes aportes recientes a
la historia familiar.
Así, hemos podido averiguar mediante Osvaldo J. Acosta Queirolo,
que **ESTEVE CIVILS** se casó con **ELISABET FLOR**, en Quart
(Girona), en fecha 5 de noviembre de 1595, y mediante el propio Juan
Manuel Antem, que **JAUME (JACOBUS) CIVILS**, hijo de dichos
ESTEVE y ELISABET, se casó con **CATHARINA CALDERÓ**, de
Riudellots de la Selva (Girona), siendo éstos los padres de **JAUME
(JACOBUS hijo) CIVILS**, nacido en Fornells y casado en St. Feliu de
Guíxols con **ANNA CARRERÓ**, en 1668.

———

A nuestra amistad desarrollada durante el trabajo de recopilación de
memorias familiares, fotos, documentos y recuerdos, tanto en América como en España dedico con mucho afecto este trabajo, que ha
sido de todos nosotros.

Enterados de nuestro trabajo otros miembros de la familia generosamente nos hicieron llegar muchos aportes, apoyo que agradecemos.

He tratado de no ser redundante en transcribir información que está
mejor detallada en otras fuentes específicas, entre las cuales señalaremos, para quien desee ampliar información, las siguientes:

a) **Carlos Emilio Biscay** desarrolló junto a **Teresita Cibils** y con datos
aportados también por **Hugo Cibils** y algunos datos míos, un muy

completo archivo genealógico de la familia que se puede consultar en internet en la red GENEANET y en donde hemos volcado hallazgos de nuestro trabajo en conjunto.

La estructura básica del árbol familiar está exhaustivamente expuesta en este sitio web y más detalles adicionales pueden ser encontrados en los trabajos de Richieri o de Goldaracena.

Su enlace es:
https://gw.geneanet.org/cbiscay?lang=es&pz=maria&nz=biscay&p=jaime+juan+jose&n=cibils

b) La Profesora **Alba Mariani** de la Universidad de la República, Ftad. de Humanidades, ha escrito dos trabajos de investigación relacionados con Jaime Cibils padre e hijo. Uno sobre Jaime Cibils Puig (Los extranjeros y el alto comercio. Un estudio de caso: Jaime Cibils i Puig, 1831-1888), que fue publicado por la misma Facultad y una tesis sobre su hijo Jaime Cibils Buxareo y su proyecto en Matto Grosso. (Una aventura industrial. Los negocios de estancia y saladero de Jaime Cibils Buxareo en Mato Grosso, 1881). Detalles muy completos de la historia de ambos están detallados allí.

c) La rama familiar de Buenos Aires ha sido estudiada por **Arturo Richieri**, en "Los Cibils en el Rio de la Plata", (dos trabajos del Instituto Argentino de Ciencias Genealógicas).

d) El Profesor **Cesar Yañez Gallardo** de la Universidad de Barcelona ha escrito varios trabajos sobre la emigración catalana a América en los siglos XIX y XX y especialmente escribió uno dedicado a Jaime Cibils Puig como ejemplo paradigmático de emigración exitosa y de redes comerciales.

e) **Ricardo Goldaracena** dedica un capítulo del Tomo I de su tratado sobre familias patricias uruguayas a los Buxareo y Cibils.
Lazos familiares con todas las demás familias uruguayas puede ser consultado allí.

f) Una familia de navegantes catalanes originarios de Lloret del Mar, pilotos de barcos en travesías a América; la familia del **Capitán Agustí Vilá i Gali,** publicaron dos libros de sus viajes a América y especialmente a Montevideo. Articula varias generaciones de capitanes de barcos autóctonos, desde fines del XVIII hasta inicios del XX. Su correspondencia familiar, diarios de viaje y otros documentos se suman en una referencia destacadísima. Ha sido una fuente muy valiosa de información para este libro que tradujimos y parcialmente citamos.

g) Dr. **Luis Alberto Cibils Diez**, miembro del Instituto Histórico de Río Grande do Sul publicó un breve libro sobre las biografías de J. Cibils Puig, Jaime Cibils Buxareo y Atahualpa Irineo Cibils. P.Alegre 1988

h) El Dr. **Joan Manuel Antem**, familiar y genealogista profesional, tiene una sección de su página en internet dedicada al ÁRBOL GENEALÓGICO DE LA FAMILIA sibilante / CIVILES http://www.genealogia-antembardera.net/Sibils3.htm#inicipagina Allí se puede obtener una valiosa información genealógica en general y en especial de los Civils más remotos de Fornells de la Selva e información de su visita al Mas Sivils en el año 2000 y de la "Sibilada" del año 2006.

i) El Arq. **Osvaldo Javier Acosta Queirolo**, familiar y genealogista del Paraguay, publicó en 2018 un trabajo; "Descendientes de Esteves Sivils", con las 14 generaciones conocidas hasta ese entonces. En su página de Facebook muestra valiosos documentos, algunos de los cuales aportó para este libro, con el que ha colaborado entusiastamente.

j) El historiador brasileño **Domingos Savio da Cunha García** ha realizado en la última década trabajos sobre **Descalvados** del punto de vista de la historiografía económica del Mato Grosso.

k) Varias páginas web creadas por ramas de la familia se pueden encontrar en las redes:

- blog de Esperanza Cibils sobre su padre, **Luis Ignacio Cibils Rabelo** descendiente de José Ignacio Cibils Calvet y revolucionario en las insurrecciones de 1896 y 1897
https://luisignaciocibilrebelo.blogspot.com/2014/07/luis-ignacio-cibils-rebelo-abogado.html

- Hay una página en Facebook **"Cibils kuera"**, que significa en guaraní "los Cibils", con muchos contactos de la familia del Paraguay.

- Una página en Facebook de los emigrantes a Río Grande do Sul referida a **Atahualpa Ireneu Cibils Rabelo** y su familia:
http://m.facebook.com/story.php?story_fbid=789941971343957&id=100009844835992&__tn__=H-R

- Un blog de descendientes de los **Cibils Buxareo**:
https://elpatriciadodelriodelaplata.blogspot.com/2015/03/los-buxareo-y-su-progenie.html

- Página web de los descendientes de **los Romaguera y Cibils Manuela da Camara Falcão**
https://gw.geneanet.org/mcamarafalc?lang=pt

I.   LA VENIDA AL RIO DE LA PLATA.

LA SITUACIÓN SOCIAL Y POLITICA DEL URUGUAY
EN EL SIGLO XIX

El primer "Cibils" llegó a Montevideo un poco antes de la Independencia de "la Banda Oriental".

Desde allí la familia se expandió a la Argentina, con dos importantes núcleos, uno en Bs.As., otro en Santa Fe.

Desde Montevideo se expandieron al interior del Uruguay y desde allí se generaron ramas al Paraguay y al sur del Brasil, en el estado de Río Grande do Sul. (°)

Estas ramas fueron generadas a partir de **Manuel E. Cibils Calvet**.

Los Romaguera y Cibils no formaron familia en Montevideo. Al poco tiempo de estar en Montevideo, partieron y se establecieron en Río de Janeiro. (Una descendiente de esta rama es Manuela da Camara Falcão).

Los Cibils de Chile provienen de Salvador Vidal i Cibils que fue hijo de Clara Rosa Cibils i Martí y se estableció en Valparaíso.

En todo el siglo XIX, el Uruguay vivió convulsiones políticas y guerras regionales que llevaron a Guillermo Hudson a escribir su famoso libro "La tierra purpúrea".

Fue también, el siglo del crecimiento y desarrollo industrial y comercial del Uruguay que tuvo a Jaime Cibils i Puig como un personaje destacado.

(°) Curiosamente en el libro de L. Platt en 1996 se incluye al apellido Cibils en una lista de apellidos "únicos" en el Uruguay, lo que es incorrecto.

La situación política y social del Uruguay donde llegaron sucesivamente José Cibils i Marti alrededor de 1820 y después sus sobrinos Cibils i Puig y Romaguera i Cibils en 1831, puede refrescarse con la siguiente sinopsis histórica de J.P. Barrán, que ayudará a situar el escenario y los desafíos del país y de nuestros familiares durante el siglo XIX.

"EL URUGUAY PASTORIL Y CAUDILLESCO EN LA PRIMERA MITAD DEL SIGLO XIX". (Extractado de JP Barran)

"En 1830 una Asamblea electa aprobó la Constitución del nuevo país, llamado oficialmente, "Estado Oriental del Uruguay".

Las guerras civiles dominaron el escenario uruguayo hasta por lo menos 1876. En ellas se gestaron los dos partidos que pasaron a la modernidad y sobrevivieron en el siglo XX: el blanco y el colorado.

El primer presidente constitucional, Fructuoso Rivera (1830-1834) debió soportar tres alzamientos del otro caudillo rural, Juan A. Lavalleja.

Su sucesor, Manuel Oribe (1835-1838), tuvo que combatir dos alzamientos del expresidente Rivera. En 1836, en la batalla de Carpintería, los bandos usaron por primera vez las dos divisas tradicionales: el blanco distinguió las tropas del gobierno que se titularon "Defensores de las Leyes", y el celeste primero - el otro color de la bandera uruguaya - y el colorado después, fueron usados por los fieles de Rivera. Un segundo alzamiento de este derrocó al gobierno de Manuel Oribe en 1838.

Rivera, auxiliado por la escuadra francesa que deseaba acabar con Oribe, el aliado del gobernador de Buenos Aires, Juan Manuel de Rosas, ocupó Montevideo y se hizo elegir presidente por segunda vez en 1839.

Ese año se inició la "Guerra Grande" cuando Rivera declaró la guerra a Rosas quien seguía reconociendo a Manuel Oribe como presidente constitucional del Uruguay. Los dos bandos uruguayos se internacionalizaron. Rivera contó con el apoyo de los enemigos unitarios argentinos y las escuadras francesas e inglesa. Las dos naciones europeas temían que Rosas anexara al Uruguay y deseaban además terminar con el monopolio que sobre la navegación del Paraná ejercía el gobernador de Buenos Aires. Oribe se apoyó en Rosas y puso sitio a Montevideo durante 9 años. (1843-1851).

El conflicto se resolvió cuando se retiraron los europeos e intervino el Imperio del Brasil a favor del Montevideo Colorado. Oribe y Rosas fueron derrotados. A pesar de ello se firmó una paz entre los orientales el 8 de octubre de 1851 por la cual se declaraba que no había ni vencidos ni vencedores.

La atmósfera que siguió a este conflicto fue de fusión entre los partidos... Pero los dos bandos habían encarnado en la memoria colectiva y la lucha civil se reanudo.

El presidente Blanco Juan F. Giró (1852-1853) fue derribado por un motín del ejército colorado. El nuevo caudillo de este partido, el General y caudillo rural Venancio Flores, gobernó como presidente hasta 1855. En 1856 la fusión y el pretendido olvido de los rencores del pasado llevaron al poder a Gabriel A. Pereira (1856-1860). Bajo su mandato, una fracción del Partido Colorado, llamada Partido Conservador, se alzó en armas y sus jefes fueron derrotados y fusilados en Quinteros por las tropas del gobierno.

Entre 1860 y 1864 gobernó el presidente Bernardo P. Berro. Este pretendió continuar con la política de fusión pero los partidos renacieron.

En 1863, el General Flores invadió el Uruguay con el apoyo del presidente argentino Bartolomé Mitre y la colaboración final del Imperio del Brasil. Bernardo P. Berro buscó apoyo en el Paraguay para restablecer así decía, el equilibrio en el Río de la Plata.

Luego de la caída en manos de Flores de la ciudad de Paysandú (enero de 1865), uno de sus generales mandó fusilar a los más destacados jefes blancos. De este modo ambos partidos tradicionales tuvieron sus mártires y una carga de emotividad que les aseguró larga permanencia.

El triunfo de Flores culminó con su dictadura (1865-1868) y la intervención del Uruguay en la guerra de la Triple Alianza junto a Brasil y Argentina contra el Paraguay. En febrero de 1868, Venancio Flores, que había despertado rencores apasionados, fue asesinado. El mismo día fue ultimado el expresidente blanco Bernardo P. Berro. Las tradiciones partidarias se nutrieron de nuevos mártires.

Venancio Flores inició la serie de gobiernos colorados que recién concluyó en 1959. Lorenzo Batlle, su sucesor y presidente constitucional entre 1868 y 1872, debió enfrentar un alzamiento blanco comandado por el caudillo rural Timoteo Aparicio.

Esta revolución fue conocida como de "Las Lanzas" debido al arma que allí se usó de preferencia, lo que testimonia la tecnología militar primitiva de la época. Por su duración (1870-1872) y sus efectos destructivos so-

bre la riqueza ganadera, es el conflicto civil que mejor puede compararse a la "Guerra Grande".

Ambos bandos se reconciliaron en la llamada Paz de Abril de 1872 por la cual los blancos lograron por primera vez coparticipar junto a los co lorados en el gobierno. Pero la anarquía persistió hasta 1876 en que el coronel colorado Lorenzo Latorre tomó el gobierno. Fue por efecto de la lucha y los propios acontecimientos relatados, que colorados y blancos fueron dotándose de ciertos contenidos políticos, sociales y hasta regionales.

Las personalidades diferentes y los vínculos sociales distintos de Rivera y Oribe, y el principal de los conflictos citados - la "Guerra Grande" - dieron nueva forma a la oposición colonial entre la Capital y el Interior.

Los colorados se identificaron con el Montevideo sitiado, los inmigrantes y la apertura a lo europeo; los blancos, asentados en la campaña sitiadora, se identificaron con el medio rural, sus grandes terratenientes y lo americano-criollo.

Pero estas diferencias no alcanzan para explicar la profundidad del desorden interno que conoció en esos años el Uruguay" (fin de la cita)

La historia familiar en el Rio de la Plata comenzó con los viajes comerciales de José Cibils i Martí siendo piloto de bergantín, alrededor de 1811.

Estimamos que a fines de la década de 1820 decidió instalarse en Montevideo y unos años después, en 1831, arribaron sus sobrinos Jaime Cibils Puig y Jaime Romaguera Cibils.

Una parte importante de la reconstrucción de nuestra historia familiar fue buscar las respuestas al por qué estos jóvenes catalanes decidieron forjar su destino ultramarino en Montevideo a inicios del siglo XIX.

Cesar Yañez en el libro "Saltar con Red" 1996 anota varios hechos, que transcribo:

"-La apertura del tráfico americano hacia los distintos puertos autorizados permitió a partir de 1778 que se organizaran expediciones directamente desde Barcelona.

- La R.O. (real orden) de 1835 abre el grifo de la emigración espontánea a América. Hasta entonces solamente cargos públicos o comerciantes podían venir a América. Los procedimientos para conseguir pasaporte quedaron simplificados.

-Los catalanes tomaron la delantera en la emigración ultramarina.

-En Montevideo personajes como Francisco Joanicó, Miguel Vilardebó, Cristóbal Salvañach, Jaime Illa, José Batlle Carreó, se contaban entre los prohombres de negocios en el período colonial.

-Abierto el puerto de Montevideo al tráfico internacional a fines de la década de 1820 la frecuencia de barcos desde Barcelona a Montevideo fue en aumento.

Es conocida la llegada en 1835 a Montevideo del capitán Joan Miranbell, natural de Masnou al mando de La Constancia. Antes todavía el capitán Agustí Vilá en 1812 y 16 relata viajes desde Barcelona a Montevideo de la polacra San Francisco de Paula.

Como mínimo 341 catalanes llegaron a Montevideo desde 1831 al 38.

Entre ellos estaban los Cibils, Carrau, Ferrés, Brunet, Compte.

La estadistica muestra que el 90% eran varones de aproximadamente 20-21 años"

Resume C. Yañez así la inmigración catalana por el 1830

"Situados en torno a 1830, los catalanes tenían ya acumulada una valiosa experiencia ultramarina: había conseguido permear el anticuado sistema colonial español en América desde la época de las reformas de Carlos III, consiguiendo que sus barcos, sus hombres y sus productos cruzaran el Atlántico, y se preparaba para ocupar un lugar en el sistema colonial del diecinueve. Las décadas centrales del siglo XIX, las mismas que asistieron a la industrialización, son las de mayor intensidad en la historia colonial de Cataluña: creció el comercio, la emigración adquirió cotas impensables para la etapa anterior, la marina de vela vivió su época dorada, y a decir de algunos contemporáneos Cuba y Puerto Rico parecían más colonias catalanas que espa-

ñolas. En pocas palabras, entre las décadas del treinta y del sesenta del siglo pasado, Cataluña se hizo con las colonias españolas de Ultramar"

Agrega C. Yañez (1991)
"El colapso comercial de los años finales del siglo XVIII y comienzos del XIX, que concluyó con la independencia de América, cambió el carácter de la emigración catalana. Entre 1835, fecha de apertura legal de la emigración española, hasta la década de los sesenta, cuando la trata esclavista se debilitó en Cuba, existió un gran flujo migratorio a las Antillas, acompañado por destinos menores a América del Sur y la región del Caribe. Aunque se trataba de gente muy joven, entre los 12 y los 20 años de edad, que pertenecía a oficios diversos, la mayoría se establecerá en casas comerciales de familiares o paisanos, siguiendo un tipo de migración en "cadena", que aprovecha las redes sociales de la emigración."

Alba Mariani lo expresa así: *"Los temores y las preocupaciones de Jaime CIBILS I MARTÍ, el padre, por los problemas políticos de España, lo decidieron a enviar a América a sus hijos mayores. Tenía noticias del país y referencias de Montevideo por los relatos de José Cibils i Marti"*

Los que emigraron a Montevideo, los Cibils Martí, los Cibils Puig y los Romaguera Cibils permanecieron, en su mayoría, como ciudadanos catalanes establecidos en América.

Durante todo el siglo XIX hasta su muerte en 1888 J. Cibils Puig fue citado en periódicos y en las crónicas como "comerciante y empresario catalán".

II.   LOS HERMANOS CIBILS I MARTI

Se derivan dos grandes ramas familiares en el Montevideo de principios del siglo XIX siguiendo a dos hermanos catalanes de San Feliú
de Guixols, que fueron:
José Salvador Cibils i Martí y Jaime Miguel Cibils i Martí.

Fueron hijos de **Jaime Juan José CIBILS Trebul y de Clara MARTI
Sarratella** casados el 30 de septiembre 1770 en Sant Feliu de Guixols.

Una rama montevideana fue generada a partir de **José Salvador
Cibils i Marti** y la otra a partir **de los hijos de Jaime Miguel Cibils i
Marti**

**Mientras que José emigró directamente a Montevideo, Jaime pro-
yectó su linaje a través de cuatro de sus hijos, los hermanos Jaime,
Agustín, José María y Federico Cibils Puig, quienes fueron los
inmigrantes.**

Su hermana **Dorothea Cibils i Marti,** casada con Anton Romaguera,
fueron padres de los Romaguera Cibils.

Uno de ellos, **Jaime Romaguera y Cibils,** emigró junto con sus
primos Cibils i Puig, pero se instaló definitivamente en Rio de Janeiro
donde compartió negocios con sus primos. Posteriormente se le
unieron sus hermanos José y Rosa Romaguera y Cibils.

Dice Ciurans i Vinyeta (2014), revisando la historia familiar de la
familia Paxot:

*"La familia Cibils, como muchas otras estirpes de Sant Feliu de Guíxols de
los siglos XVIII y XIX (incluidos los Patxot o los Rabell), se dedicaron muy
pronto a la navegación y al comercio con América.*
*El padre de Beatriz Cibils Puig, Jaume Cibils y Martí, fue un comerciante,
tal como lo habían sido su abuelo, Jaume Cibils y Trebul, y su bisabuelo,
que también fue un Jaume Cibils.*

El primer Cibils que viajó a América fue el piloto José Cibils y Martí, el tío de Beatriz, en 1811. Un tiempo después, aquel navegante decidió instalarse en Montevideo."

Entre quienes quedaron en España pero que mantuvieron activa sociedad con sus hermanos venidos a América recordaremos a:

-Beatriz Cibils Puig que se casó con Felipe Oribe Contucci, hijo del Gral. Manuel Oribe.

Felipe Oribe fue cónsul del Uruguay en Barcelona gran parte del siglo XIX.

-Francisco Cibils Puig. Se trasladó a Barcelona y desde allí colaboró activamente en sociedad comercial con sus hermanos.

En las páginas siguientes se muestran los árboles familiares iniciales a partir de cada hermano:

a) Página siguiente: Esquema con los hijos de los tres hermanos **Cibils i Martí** que dejaron descendencia en América.

En letra negrita y con recuadro sombreado, están señalados quienes vinieron o nacieron en América.

Los recuadros sin sombrear pertenecen a quienes permanecieron en España.

(Nota: El bautismo de Jose Jayme Ildefonso Civils Calvet, 20/09/1833, San Feliu de Guixols, fue agregado al árbol en base a documentación aportada por el Arq. Osvaldo Javier Acosta Queirolo)

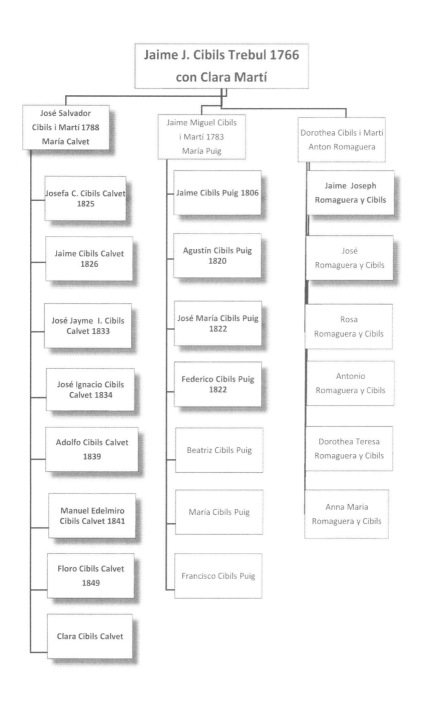

Jaime J. Cibils Trebul 1766
con Clara Martí

José Salvador
Cibils i Martí 1788
María Calvet

Jaime Miguel Cibils
i Martí 1783
María Puig

Dorothea Cibils i Martí
Anton Romaguera

Josefa C. Cibils Calvet
1825

Jaime Cibils Calvet
1826

José Jayme I. Cibils
Calvet 1833

José Ignacio Cibils
Calvet 1834

Adolfo Cibils Calvet
1839

Manuel Edelmiro
Cibils Calvet 1841

Floro Cibils Calvet
1849

Clara Cibils Calvet

Jaime Cibils Puig 1806

Agustín Cibils Puig
1820

José María Cibils Puig
1822

Federico Cibils Puig
1822

Beatriz Cibils Puig

María Cibils Puig

Francisco Cibils Puig

Jaime Joseph
Romaguera y Cibils

José
Romaguera y Cibils

Rosa
Romaguera y Cibils

Antonio
Romaguera y Cibils

Dorothea Teresa
Romaguera y Cibils

Anna Maria
Romaguera y Cibils

b) Partes del árbol familiar de GENEANET (ref. C.Biscay)

Las imágenes de la **página siguiente** corresponden a capturas de pantalla del árbol que se encuentra en Geneanet

Se puede ver tres generaciones. La de Jaime J.J. Cibils Trebul y Clara Marti. (sigo XVIII) en Cataluña (nivel superior)

La generación de los hermanos Cibils i Marti, (Cataluña) uno de los cuales fue el primero en venir al Rio de la Plata. (nivel medio)

A partir de José, sus hijos, los Cibils Calvet (siglo XIX), ya casi todos "orientales" a partir de José Ignacio.

Los hijos de Jaime Cibils i Marti y Maria Puig, los cuatro hermanos Cibils Puig, catalanes, que vinieron a Montevideo. (siglo XIX).

Los hijos de Dorothea Cibils y Anton Romaguera, los hermanos Romaguera Cibils que se establecieron en Río de Janeiro.

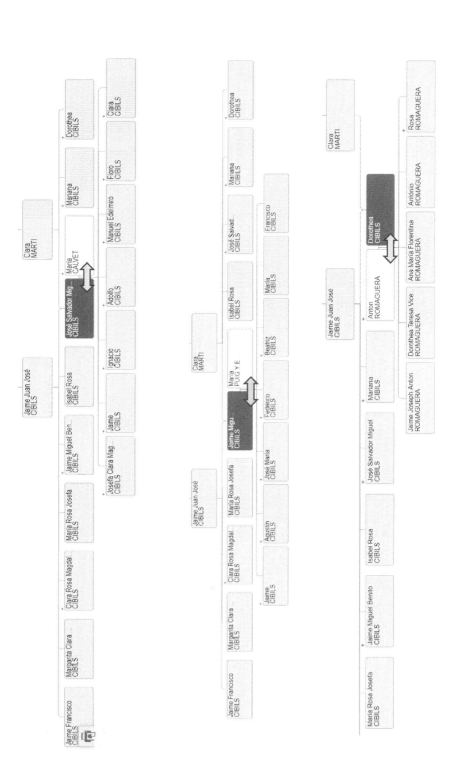

1. EL PRIMER INMIGRANTE: JOSE CIBILS I MARTI

Unos pocos datos biográficos nos han llegado de **José Salvador Miguel Cibils i Marti, (29/7/1788-1854)**

Sabemos que fue piloto de embarcaciones transatlánticas. De los barcos a vela de la época que sustentaban el intenso comercio de Cataluña con América, especialmente hacia los puertos de Cuba, Rio de Janeiro, Montevideo, Buenos Aires y Valparaíso.

María Calvet Baro (1803)   y   **José Salvador Miguel Cibils i Martí**

Fue el primer "Cibils" en emigrar al Río de la Plata a fines de la década de 1820, aunque desde 1811 hay referencia de sus viajes a Montevideo.

Se estableció en Montevideo como comerciante de ramos generales. Su negocio por el año 1836 se encontraba ubicado, según la prensa de la época, "en una de las esquinas de la Plaza".

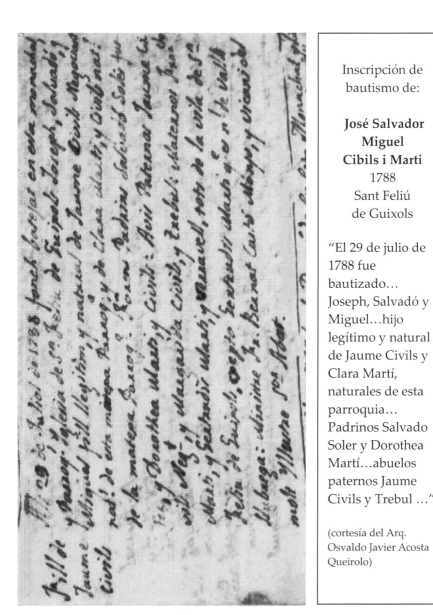

Inscripción de bautismo de:

José Salvador Miguel Cibils i Marti
1788
Sant Feliú de Guixols

"El 29 de julio de 1788 fue bautizado… Joseph, Salvadó y Miguel…hijo legítimo y natural de Jaume Civils y Clara Martí, naturales de esta parroquia… Padrinos Salvado Soler y Dorothea Martí…abuelos paternos Jaume Civils y Trebul …"

(cortesía del Arq. Osvaldo Javier Acosta Queirolo)

Jaime Miguel Cibils i Marti   **María Puig i Elia**
1783-1864

(De un catálogo de Remates Castells pudimos obtener estas imágenes
de su hermano Jaime Miguel y de su cuñada María)

Dorothea Cibils i Martí esposa de Anton Romaguera
1792-1873

(cortesía de Manuela da Camara Falcao)

Cita del libro "Saltar en la Red", de César Yañez:

"El primero de los Cibils que emigró a América, según la documentación que he podido reunir, fue José Cibils i Martí, piloto de carrera de América e hijo segundo de Jaime Cibils Trebul, comerciante y Clara Martí.

La primera referencia de sus viajes a América se encuentra en 1811 cuando tenía 23 años. Lo más probable que en uno de sus viajes a América como piloto decidiera quedarse en Montevideo, donde en 1831 lo encontramos recibiendo a sus sobrinos Jaime Cibils Puig y Jaime Romaguera Cibils "

Reafirmando lo anterior; *"En el libro 934 de la Policía de Montevideo, Archivo General de la Nación, Uruguay, se registró la llegada de Jaime Cibils (como M. Jacqes Cibiles), "venido de Barcelona en el bergantín Neptuno, de nación español-cataluña, comerciante de 23 años, soltero,* **que viene a casa de Don José Cibils y Martí**, *llevó un pasaporte."*

En el "Libro de los Linajes" de Ricardo Goldaracena, sobre familias históricas uruguayas del siglo XIX, se cita," Por la misma época en que se radicaron aquí los hermanos Cibils Puig vivía también en Montevideo un tío de ellos, **José Cibils y Martí**, *empadronado en 1836 como comerciante en la calle de San Francisco. Estaba casado con María Calvet y fueron padres de varios hijos que dejaron descendencia en la ciudad."*

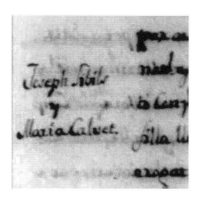

Inscripción del casamiento de José Cibils Martí con María Calvet el 3-10-1822 en Sant Feliú de Guixols

En dicho documento fue inscripto como Joseph Sibils

(cortesía del Arq. Osvaldo Javier Acosta Queirolo)

NOTA: El uso entre los dos apellidos de una «i», es una señal de identidad catalana. En el resto de España se usa la "y".

La fecha exacta de instalación en Montevideo de José Cibils i Martí no la conocemos, aunque hay información que desde 1811 viajaba periódicamente al Río de la Plata.

Entre los años 1830 al 39 se encuentran avisos comerciales de su almacén en la prensa montevideana.

Hay también una carta dirigida a Jaime Cibils Puig por su padre (ver Anexos) fechada en diciembre de 1830, donde le cuenta que su tío lo estaba esperando en Montevideo.

En 1831 recibe a sus sobrinos en Montevideo. (constancias varias).

Asumimos que comenzó con su almacén a fines de la década del 20.

En la década del 20 también vivió por períodos en Cataluña dado que:
- En 1822 se casa en forma presencial con María Calvet.

- En 1825, 1826 y 1833 son bautizados en Sant Feliú de Guixols sus tres primeros hijos.

Estimamos que entre 1833-4 María Calvet emigró a Montevideo.

En 1835 nació en Montevideo su 4° hijo, José Ignacio, el primer Cibils nacido en América.

El diario EL UNIVERSAL en 1830 publicaba un aviso comercial: *"En la esquina de la plaza en el almacén de Don José Sibils se vende harina a 6 reales la arroba, y a 2 vintenes la libra, yerba a 4 vintenes la libra ...y otras varias cosas"* (Libro La gente y las cosas en el Uruguay de 1830)

Otros avisos referentes al comercio de J. Cibils en EL UNIVERSAL, de 1832

"en el almacén de Cibils, esquina de la Plaza al Este "

En la **REVISTA OFICIAL** (publicación comercial) entre 1838, 1839 se refería la llegada de bergantines con mercadería para J. Cibils y se detallaba el tipo de mercadería: rollos de tabaco, higos, trigo, yerba, telas.

Bergantin nacional *Rápido*, á Ferreira 107 rollos tabaco, á Mainez 149 id. id., á Peixoto 100 id. id., á Domingos 4 jacaces dulce, á Cibils 80 rollos tabaco, á Manuel G. da Costa 320 id. id., una caja rapé.

Bergantin español *Delirio*, á Zumaran 234 cajones pasas, 42 id. ciruelas, 49 cerones higos, 10 pipas vino tinto, 10 medias id., 11 cuartos id., 11 pipas vino seco.

Descarga del día 12.

Bergantín sardo *Mejicano*, á Lazorría, con : 3 barriles, 1 bol-riles, 4 cajas, 1 barrilito y 1 barrica.

Patacho nacional *Correo de Montevideo*, á Cibils, con : 106 cuketes higos, 130 cajones pasas.

Bergantín ingles *Juno*, á Paulétes, con : 100 sacos farika, 135 rollos tabaco, 61 sacos arroz, 1 fardo, cajon, 2 porta fierro.

Bergantín ingles *Betsey Hall*, á Hemley, con : 1 barrica cerbeza.

Bergantín brasilero *Estrella del Cabo*, á Hereira, con : 5 cajas azucar, 10 bolsas arroz.

*Descargc—*Dia 3.

Balandra nacional *Santa Rita*, á Manuel de la Concepcion, 174 tercios yerba : á Peixoto, 31 idem : á M. G. 13 idem.

Patacho nacional *Lucía*, á Capurro, 21 barricas azucar, 20 pipas caña.

Goleta nacional *Paquete de Montevideo*, á Cibils, 82 bolsas triga.

Bergantín goleta brasilero *Nueva Amistad*, M. G. da Costa, 159 barricas azucar, 50 bolsas idem.

Fragata americana *Helen Mar*, á Zimmermann, 150 tablas.

Polacra sarda *Colomba*, á P. Nin, 177 barricas azu-

En una carta que nos aportó Juan M. Antem, enviada por Jaime Cibils i Marti a su hijo Jaime Cibils Puig y fechada en diciembre de 1830, poco antes de su venida a Montevideo, habla allí del negocio de su hermano José Cibils y aporta algún detalle sobre la marcha de su negocio.

Escribe: *"dice (vuestro tío José) que os está esperando con gran anhelo y que este año no ha ido la cosa tan mal, que a pesar de no tener la casa surtida de los géneros como la tiene actualmente, no ha dejado de ganar sobre tres mil duros; en fin, él desea venir luego que vosotros lleguéis allí, a buscar la familia y arreglar sus cosas, de modo que también habla de que su familia"*

Ubicación probable del almacén de José Cibils i Marti en la Calle San Francisco (hoy Zabala). En "la esquina este de la plaza"

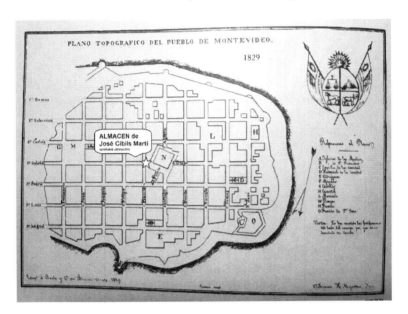

Adicionalmente, en la ciudad de Florida de Uruguay, en 1868 aparece listada la autorización para la construcción de una casa, propiedad de José Cibils i Marti, aunque este ya había fallecido en 1854.

Otros "Cibils" que emigraron a Montevideo en el siglo XIX

En el libro de Cesar Yañez, (1996) "Saltar con Red" aparece una información sobre otros Cibils venidos a Montevideo.

Dice asi:

"Además de los familiares directos de los Cibils Puig (y de José Cibils y Marti) la documentación sobre pasaportes informa de que por lo menos cinco personas de apellido Cibils emigraron a Montevideo en la primera mitad del

siglo XIX pero a los cuales no he conseguido adscribir a una rama familiar de los Cibils Puig: en diciembre de 1835, José Cibils de 14 años hijo de Narcisa y Juan Cibils (calafate) pide pasaporte para pasar a Montevideo a reunirse con su padre, del cual no conocemos la fecha en que emigró ; en abril del 39 , Carlos Cibils, del que no tenemos información solicitó pasaporte para Montevideo en Sant Feliu de Guixols; en mayo de 1846 José Cibils (carpintero de ribera, de 48 años casado, también pidió pasaporte para Montevideo y por último en diciembre del 48 José Calvet Cibils de 15 años hizo lo propio para ir a reunirse con su padre José María Calvet a la ciudad del Rio de la Plata. AHSFG Registro de Pasaportes, 1835-1862, cubeta 93, legajo 7"

Por los datos que poseemos solamente podemos ligar a José Calvet Cibils a la familia de José Cibils y Marti, dado que su esposa fue María Calvet.

Listado de emigrados a América

NOM	EDAT	DESTÍ	EMIGRA	OFICI	FONT
Cervià, Feliu		Amèrica	24/10/39	Cuiner	AHSFG
Cibils Calvet, Josep	15	Montevideo	08/12/48		AHSFG
Cibils Gros, Francesc	14	Nova Orleans	09/10/61	Estudiant	AHSFG
Cibils, Agustí		L'Havana	01/01/24	Comerciant	EMSFG
Cibils, Carles		Montevideo	02/04/39		AHSFG
Cibils, Ferriol	26	L'Havana	28/08/38		AHSFG
Cibils, Jaume		Montevideo	01/01/24	Pilot	EMSFG
Cibils, Josep		Montevideo	27/05/46	Fuster Ribera	AHSFG
Cibils, Josep		Montevideo	02/12/35	Aprenent	AHSFG
Cibils, Josep		Montevideo	02/12/35		AHSFG
Cibils, Josep		L'Havana	01/01/24	Pilot	EMSFG
Cibils, Josep	8	Montevideo	01/01/43*		PESFG
Cibils, Joan		Montevideo	02/12/35**		AHSFG
Cibils, N.		L'Havana	01/01/24	Fuster Ribera	EMSFG
Cirtron, Corneli	22	Puerto Rico	01/07/47*	Estudiant	PESFG

En la parte superior (listado tomado del libro de C. Yañez) aparece una lista de emigrantes de Saint Feliú a Montevideo, La Habana y Nueva Orleans, tomada de los **Archivos del Municipio de Sant Feliú de Guixols.**

Otros Cibils, como el Capitán Don Francisco Cibils navegaban asiduamente entre Barcelona y los puertos de América en 1838.
El periódico EL CONSTITUCIONAL de Barcelona en 1838 publica varios avisos del barco "Brillante" que llevaba cargamento de mercancías y pasajeros.

III.   LA FAMILIA "SIBILS" DE URUGUAY

Independientemente de las ramas que comparten el apellido "Cibils", en quienes está centrado este libro, existe en el Uruguay un árbol familiar independiente, escrito con una de sus grafías más antiguas del apellido familiar; "Sibils".

La información disponible señala que el primero en venir a Montevideo en el siglo XIX fue **Manuel Vicente José Sibils Furest** quien nació en Sant Feliu de Guixols el 26.1.1858 y murió en 1940.
Se casó con Rita Rodriguez Pereira (1880-).

Fueron padres de:
Elena Sibils Rodriguez   1895
José Sibils Rodríguez   1899-
Juan Bautista Sibils Rodriguez 1901-
Maria Rita Sibils Rodriguez 1903-
Vicente Juan Sibils Rodriguez   1905-1977

Investigaciones genealógicas alrededor de la edición de este libro realizadas por Osvaldo Javier Acosta Queirolo señalan que el nexo familiar entre las ramas "Cibils" y "Sibils" de Montevideo fue un ancestro común en el siglo XVII. (figura pág. 50)

Seis generaciones antes de Manuel Sibils Furest, la unión **de Jaume Sivils Calderó y Anna Carrero en 1668** resultaron los antepasados comunes. Sus hijos Joseph y Jaume Sivils Carrero dieron origen a todas las ramas que finalmente vinieron al Río de la Plata

El uso de la "C" al inicio del apellido se consolidó en las ramas montevideanas a partir de la inmigración, aunque anteriormente en Cataluña fue más frecuente la "S".

Las generaciones anteriores a los hermanos Cibils i Trebul y Cibils i Martí, con cuya historia se inicia este libro, escribían su apellido tanto con "S" como con la "C". Tanto con "b" como con "v".

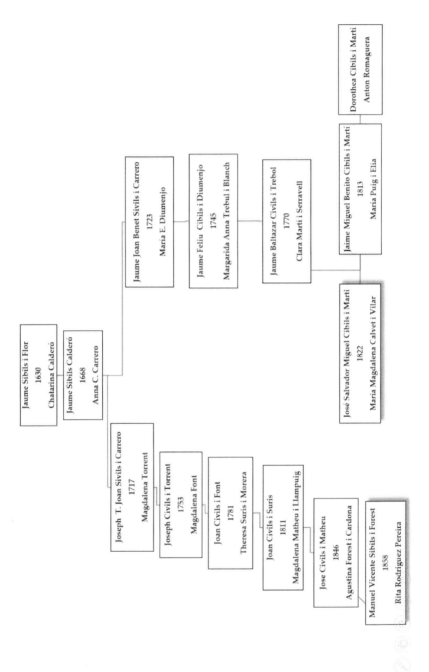

Jaume Sibils i Flor
1630
Chatarina Calderó

Jaume Sibils Calderó
1668
Anna C. Carrero

Jaume Joan Benet Sivils i Carrero
1723
María E. Diumenjo

Jaume Feliu Cibils i Diumenjo
1745
Margarida Anna Trebul i Blanch

Jaume Baltazar Civils i Trebol
1770
Clara Marti i Serravell

Dorothea Cibils i Marti
Anton Romaguera

Jaime Miguel Benito Cibils i Marti
1813
Maria Puig i Elia

José Salvador Miguel Cibils i Marti
1822
María Magdalena Calvet i Vilar

Joseph T. Joan Sivils i Carrero
1717
Magdalena Torrent

Joseph Civils i Torrent
1753
Magdalena Font

Joan Civils i Font
1781
Theresa Suris i Morera

Joan Civils i Suris
1811
Magdalena Matheu i Llampuig

Jose Civils i Matheu
1846
Agustina Forest i Cardona

Manuel Vicente Sibils i Forest
1858
Rita Rodriguez Pereira

En Cataluña el uso de la letra "S" al inicio del apellido fue mucho más frecuente. Por esta razón en el grupo de historia familiar que compartimos con Biscay, Antem y Teresita Cibils, empleábamos en ocasiones el término "SCibvils" para referirnos a la familia antigua.

También hemos encontrado otras grafías del apellido en actas de bautismo, tales como Civils, Sivils, Cibil, y también la curiosidad de tener a sus progenitores escritos usando otra grafía diferente aún en el mismo documento.

Existe actualmente una antigua residencia, la **"Casa Sibils"**, construida en el año 1892, situada en el Passeig del Mar, 21 de Sant Feliú, que es patrimonio histórico de la ciudad.
(captura de Google Earth adjunta).

Panteón Familia Sibils
en Sant Feliú de Guixols.
Ronda Narcís Massanas, 102

Escultor Rafael Atché
(Barcelona, 1851 a 1923).
Fue uno de los principales escultores catalanes especializado en escultura funeraria, aunque es conocido sobre todo por la estatua de Colón en Barcelona.

IV.   LOS HERMANOS CIBILS CALVET

De los hermanos Cibils Calvet no poseemos mucha información de su infancia, salvo alguna foto de Manuel Edelmiro con su madre, María Calvet.

Cronológicamente los hermanos Cibils Calvet fueron:

Josefa Clara Magdalena CIBILS Calvet 1825-1890, nacida en St. Feliú
Jaime José Vicente CIBILS Calvet 1826- , nacido en St. Feliú
José Jayme Ildefonso CIBILS Calvet, 1833-, nacido en St. Feliú
José Ignacio CIBILS Calvet 1834-1913. Nacido en Montevideo
Adolfo CIBILS Calvet 1839-1893. Se trasladó a Santa Fe, Argentina
Manuel Edelmiro CIBILS Calvet 1841-1927
Floro CIBILS Calvet 1849-1919
Clara CIBILS Calvet

A partir del tercer hijo, José <u>Ignacio</u>, nacieron en Montevideo.

José Ignacio Cibils Calvet en 1834 fue el primer Cibils nacido en América

De la rama de Jaime Cibils Puig en 1838 nace su primer hijo, Jaime Felix Cibils Buxareo.

Algunos de los hermanos Cibils Calvet permanecieron viviendo en Montevideo, como Floro. Su casa, en la Avda. Millán a media cuadra del actual monumento a Luis A. de Herrera era recordada por muchos de sus nietos.
Durante algún período también Manuel Edelmiro vivió en Montevideo, antes de trasladarse a San Gregorio de Polancos donde se casó con Joaquina.
Otros hermanos Cibils Calvet se trasladaron al interior como José Ignacio y Jaime José.
Otro emigró a Santa Fe, Argentina, como Adolfo.

Los tres primeros hermanos Josefa, Jaime y José nacieron en Sant Feliú y se trasladaron con su madre a Montevideo, estimamos que alrededor de 1833.

De adultos se instalaron con establecimientos rurales en los departamentos de Durazno y Tacuarembó, en ciudades próximas al Río Negro, como las ciudades de Paso de los Toros (anteriormente Santa Isabel), San Gregorio de Polancos y Chileno Grande.

También se instalaron al sur del departamento de Durazno, en Sarandí del Yi.

Sus hijos fueron bautizados en general en San Gregorio de Polancos o en la histórica Capilla de Farruco en Durazno (foto adjunta de Wikipedia).

Mapa de ciudades, paraje del Chileno Grande (circulo) y Capilla Farruco (estrella).

1. MANUEL EDELMIRO CIBILS CALVET

Nacido el 13 de julio 1841 en Montevideo, Uruguay
Fallecido en 1927 - Paso de los Toros, Uruguay a la edad de 86 años
Fue mi bisabuelo el quinto de los siete hijos tuvieron José Cibils i
Martí y María Calvet.
Certificación de acta de bautismo de Manuel Edelmiro:
"El presbítero don Marcos F. Iriarte cura rector de la iglesia de San
Francisco de Asís en Montevideo, certifica que en el libro primero de
bautismos al folio doscientos cuatro "vuelto" se encuentra la partida
del tenor siguiente:

La Iglesia de San Francisco de Asís en la ciudad vieja de Montevideo.

La segunda construida en Montevideo después de la inicial iglesia colonial cerca del puerto.

Fue erigida como Parroquia
San Francisco de Asís
el 2 de diciembre de 1840
y reconstruida en 1864.

" El treinta y uno de julio de mil ochocientos cuarenta y uno don Juan
Martin teniente cura de esta parroquia de San Francisco de Asís en Monte-
video, bautizó solemnemente a un párvulo que le puso por nombre Edelmiro
Manuel Anacleto que nació el 13 de este, hijo legítimo de José Civils y doña
María Calvet, naturales de Cataluña: abuelos paternos, don Jaime Cibils y
doña Clara Martí,

maternos don Ignacio Calvet y doña María Cabo: fueron padrinos don Manuel Fidel Rey y doña Isabel Olaguibe à quienes les advirtió el parentesco espiritual (pasa al reverso) y demás obligaciones lo que por verdad firmo. Cenón de Aspiazu.

Concuerda con el original a que me refiero y a pedido de parte interesada expido la presente que firmo y sello en Montevideo a veinte y dos de septiembre de mil nueve cientos tres Luis A. Passege Teniente Cura"

Manuel E. Cibils Calvet se casó con Joaquina Silveira Márquez, una hija de los numerosos hacendados brasileños de la zona. El casamiento tuvo lugar en San Gregorio de Polancos el día 23-2-1870

Testimonios de familiares sobre Manuel Edelmiro:

a) De Gabriel Vasquez Amabile de octubre 2001

Alrededor de 1860 se fue a Barcelona a estudiar la carrera de Marino. Alrededor 1863 volvió a Montevideo con el título de "Piloto Mayor del Rey" Alfonso XII.

Como marino integró la tripulación que trajo el primer barco de guerra de la armada uruguaya. Mas datos pueden rastrearse en el Instituto de Historia de la armada uruguaya.

Ignoro qué papel desempeñó en la guerra de la triple alianza entre 1965 y 1970.

A su muerte en Paso de Los Toros mi abuela Violeta Victoria estuvo presente y recuerda que se lo despidió con 21 salvas y toque de diana, como era la tradición militar.

Políticamente fue blanco y amigo de Luis Alberto Herrera

La razón por la que un hombre de la marina y con muy activa participación se va al Paraguay puede tener una explicación política (Colorados vs. Blancos), ya que no olvidemos que los Blancos se sentían cómodos en Paraguay, debido a que los paraguayos apoyaron a los blancos en contra de la ofensiva Colorada de Venancio Flores (apoyada por el Brasil) en 1865.

Así pues, compró en Yuti, Paraguay, 18 leguas cuadradas de campo, equivalente a 45.000 has (una legua cuadrada equivale a 2500 has)

explotación dedicada a la cría de hacienda con cerca de 8000 cabezas y a la explotación maderera.

Al Paraguay viajó con todos sus hijos y con su yerno, Raúl Albertino Silva Leite, que estaba casado con María Josefa. La fecha en la que viajó al Paraguay no la conocemos pero es seguro anterior a 1900, ya que Amelia, hermana de mi abuela Violeta era 2 años mayor y nació en la estancia.

La muerte de su hijo Manuel Dionisio, según cuenta mi abuela Violeta, perpetrada por cuatreros que lo emboscaron en una picada en las cercanías de la Estancia, determinó su regreso al Uruguay. Aunque dejó las tierras a sus hijos para continuar la explotación. "

b) Algunas aclaraciones y correcciones sobre la vida de mi bisabuelo, Manuel Edelmiro Cibils Calvet, Por Teresita Cibils de Bell (email del 29 jul 2002), en relación con el testimonio de Gabriel Vázquez Amabile de octubre de 2001),

"Según testimonio oral de mi padre (Manuel Alejo Cibils Toya) y de Cæsar Cibils López , nieto que vivió durante 12 años con Manuel Edelmiro en Paso de los Toros, mi bisabuelo fue enviado a Barcelona a estudiar cuando solo contaba 10 años, o sea, en 1851.

Existe una carta escrita a su hermano Ignacio, fechada en Barcelona el 1 de marzo de 1851, en la que le da cuenta de su llegada a la Ciudad Condal para estudiar y a continuación ingresar en un Colegio de Marina.

Estuvo aproximadamente 14 años, por lo que su regreso se produjo hacia 1865. (esta fecha está errada) Hay un escrito resaltando la ayuda de Manuel Edelmiro al Partido Blanco con su voto cuando ya contaba 80 años. En él se dice que era oficial de marina del año 65.

El título de Piloto Mayor del Rey Alfonso XII contiene un error importante de fecha, ya que Alfonso XII empezó a reinar en España en 1875, o sea, diez años despuæs de la vuelta de Manuel Edelmiro al Uruguay.

La Guerra de la Triple Alianza (Argentina, Brasil y Uruguay contra Paraguay) se desarrolló entre 1865 y 1870.

Efectivamente, con toda probabilidad fue amigo de Luís Alberto de Herrera. Tenemos una foto enviada por Daniel Cibils Ferrari el 15 de Enero de 2000.

El motivo de su traslado al Paraguay con toda su familia fue por la vida difícil que se estaba viviendo en el Uruguay por cuestiones políticas.

Hacia 1899 se trasladaron al Paraguay a un pueblo llamado Yuty. Había

comprado dos estancias en sociedad con su hijo Manuel Dionisio (mi abuelo): Se llamaban Pyteré y Ñú Pyahú, que fueron explotadas hasta la muerte de mi abuelo en 1912. A partir de entonces fueron los hijos de Manuel Dionisio quienes continuaron con las explotaciones de las estancias.

Su vuelta al Uruguay se produjo después de vivir 18 años en el Paraguay. Existen cartas fechadas en 1917 y dirigidas a su casa de Paso de los Toros. Murió en 1927."

De unas memorias de su nieta **Iberia Cibils** extractamos esto:

Mi abuelo Manuel Edelmiro, fue marino, estudió en la ciudad de Barcelona donde fue mandado por sus padres y su tío y padrino Jaime Cibils y Puig, el cual pagó todos sus gastos, desde los 12 años que ingresó a un colegio católico donde cursó sus estudios secundarios hasta ingresar en la "Escuela Naval de Barcelona", donde se graduó como capitán de navío y pasó a formar parte de la marina española y durante su primer viaje al "Río de la Plata", llegando a Montevideo (ciudad donde nació y donde lo esperaba su familia) se encontró que el partido de gobierno era blanco, al cual pertenecía su familia por tal motivo el señor presidente lo mandó llamar a su despacho, y como en esa época no había escuela naval, trató que desertara de la marina española, por ser URUGUAYO y nacionalista, a la cual mi abuelo después de pensarlo mucho con sus padres y demás familiares, dado que se le daba igual grado, y un barco a sus órdenes, optó por desertar y quedar en su querida patria.

De todas las informaciones señaladas en esta cronología, concluimos: La familia de Manuel, cuando éste contaba once o doce años, con el apoyo económico de su tío y padrino Jaime Cibils Puig, decide enviarlo a estudiar a Barcelona. (según la cita anterior).

Cursó estudios regulares en la ciudad condal y posteriormente ingresó a la "Escuela Naval" en Barcelona, donde se graduó de capitán de navío. Ingresó posteriormente a la marina española.

Entre 1860 a 1064 el presidente blanco Bernardo Berro gobernó el país. En ese lapso, Manuel Edelmiro vuelve al país y en 1863 el presidente Berro lo nombró en la Marina. (ver decreto del Ministerio de Guerra).

Creemos que volvió a Montevideo entre 1860 y 1862, con poco más de 20 años.

MANUEL EDELMIRO CIBILS CALVET
Teniente 1° de Marina, 22 años

Reverso de la fotografía de la página siguiente: *"Dedico esta reproducción del año 1863 a mi hija Venus: época en que mande en jefe varios vapores*

de guerra uruguayos y un transporte de guerra argentino, el "Paisandu"
durante la guerra del Paraguay." Paso de los Toros Julio 5, 1917

Reseña histórica de ese período.

Dice J.P. Barran:

"Entre 1860 y 1864 gobernó el presidente Bernardo P. Berro. Este pretendió
continuar con la política de fusión, pero los partidos renacieron. En 1863,
el General Flores invadió el Uruguay con el apoyo del presidente argentino
Bartolomé Mitre y la colaboración final del Imperio del Brasil.

Bernardo P. Berro buscó apoyo en el Paraguay para restablecer así decía, el
equilibrio en el Río de la Plata.

Luego de la caída en manos de Flores de la ciudad de Paysandú (enero de
1865), uno de sus generales mandó fusilar a los más destacados jefes blan-
cos." El triunfo de Flores culminó con su dictadura (1865-1868) y la inter-
vención del Uruguay en la guerra de la Triple Alianza junto a Brasil y Ar-
gentina contra el Paraguay.

En febrero de 1868, Venancio Flores, que había despertado rencores apasio-
nados, fue asesinado.

 El mismo día fue ultimado el ex-presidente blanco Bernardo P. Berro"

Referencias bibliográficas de los episodios navales protagonizados
por Manuel E. Cibils Calvet en el convulsionado Uruguay de me-
diados del siglo XIX. Gobierno de Bernardo Berro y los preámbulos
de la Guerra de la Triple Alianza.

Notas históricas:

A) "ESTADO DE SITUACIÓN DE NUESTROS MEDIOS NAVALES
Y COMIENZO DE BLOQUEO NAVAL A PAYSANDÚ

"Los dos barcos "Gral. Artigas" y "Villa del Salto" eran toda la fuerza naval
con la que contaba el país. El "Gral. Artigas", que quedó detenido en Mon-
tevideo, había sido adquirido en 1863 en EEUU al ser dado de baja de su
marina, para operar como buque de cabotaje en la Cuenca del Plata.

El "Villa del Salto" había pertenecido a la Compañía Salteña de Navegación
a Vapor, siendo construido en Inglaterra en 1858. Su capacidad original era
de 82 pasajeros de primera clase y 42 de segunda, su velocidad máxima 16

nudos, en momentos de comenzar las hostilidades se encontraba en el puerto de Concordia."
Cita de: https://www.histar-mar.com.ar/AcademiaUruguayaMyFl/2012/DefensadePaysandu.htm

B) Frente militar marítimo (tomado de la Wikipedia).

El 31 de mayo, el gobierno uruguayo constituyó una escuadrilla fluvial compuesta por los vapores Villa del Salto y General Artigas, para evitar el pasaje de armas y hombres de la orilla argentina a la uruguaya. El 31 de mayo, el vapor Villa de Salto detuvo en el puerto de Fray Bentos al paquebote de bandera argentina Salto. Al revisarse su cargamento se encontraron cajones de armas y municiones que transportaba como contrabando de guerra. El Ministro de Relaciones Exteriores argentino presentó una protesta, lo que condujo a un prolongado intercambio de notas entre los gobiernos.

Dibujo del Vapor Gral. Artigas tomado de J.L.Nicolon (2017)

*El 21 de junio de 1863 el vapor de guerra "**General Artigas**" es apresado por cuatro vapores de guerra argentinos apostados en las proximidades de la isla Martín García. Su comandante, el Sargento Mayor Santiago Baldriz, luego fue juzgado por un Consejo de Guerra manifestando el Ministro de Guerra, Silvestre Sierra: "… Un buque de guerra a quien cubre el pabellón nacional no obedece sino las ordenes de su Jefe de Estado Mayor, el jefe que lo manda debe, por honor sucumbir primero que mancillar los colores de la patria …",* Se destituyó al Cte. Baldriz

Nota; este incidente hace que el presidente Bernardo Berro luego de destituir al nombrado comandante del vapor Artigas, designa en su lugar a Manuel Edelmiro Cibils

En el libro de D. Erausquin (portada adjunta) aparece en la pag.183 un llamado del Ministerio de Guerra de Berro a Manuel Cibils y lo nombra: Teniente 1° de la Armada, Comandante del Vapor Gral. Artigas

En ese lapso ya se había iniciado la invasión de Venancio Flores al Uruguay.

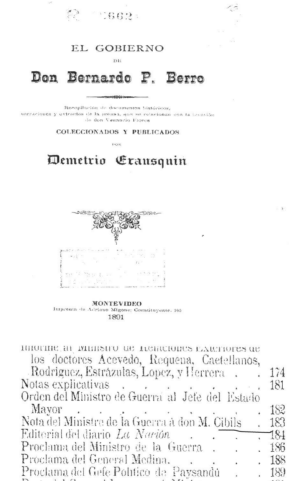

EL GOBIERNO
DE

Don Bernardo P. Berro

Recopilación de documentos históricos,
narraciones y extractos de la prensa, que se relacionan con la invasión
de don Venancio Flores

COLECCIONADOS Y PUBLICADOS

POR

Demetrio Erausquin

MONTEVIDEO
Imprenta de Adriano Migone; Constituyente. 165
1891

Ministerio de Guerra.

Montevideo, Julio 13 de 1863.

En los momentos de conflicto, la Patria fía á sus hijos la defensa del Pabellón Nacional, y busca los hombres mas competentes para llenar los distintos servicios de la administración militar.

El Gobierno sabe que Vd. es oriental, sabe tambien que Vd. se enorgullece de pertenecer á esta tierra de bravos, y que no puede dar la espalda al peligro cuando lo llama á las armas.

La Patria de los Orientales no ofrece grandes recompensas; aqui encontrará Vd. peligros y honor, y para esto yo tengo el honor de acompañar á Vd. á nombre del Presidente de la República, los despachos de Teniente 1.° de la marina de guerra Nacional.

Acéptelos á nombre de la Patria, y venga á recibir órdenes para compartir los trabajos de sus heróicos compañeros.

Dios guarde á Vd. muchos años.

Silvestre Sienra.

Señor don Manuel Cibils.

Manuel Edelmiro tomó el mando del vapor Gral. Artigas, uno de los dos vapores que conformaba la escasa marina oriental que defendía al gobierno constitucional de la época.

Ha llegado hasta nosotros el registro de un episodio relevante de Manuel E. Cibils mediante varias referencias bibliográficas.

En el Libro: **EFEMERIDES URUGUAYAS**, Editado por el Instituto Histórico y Geográfico del Uruguay, Autor: Arturo Scarone, Montevideo 1956 se hace referencia a un incidente del barco General Artigas, comandado por Manuel Cibils con tropas invasoras de V. Flores que cruzaban por en el Rio Uruguay.

El tomo III página 357, refiere: año **1863**, época de la conspiración de Venancio Flores para derrocar al gobierno de Berro

1863. — El comandante del "General Artigas", D. Manuel
Cibils, da caza en la boca del Guazú Miní a tres embarcaciones que conducían armamentos y municiones,
refugiándose sus tripulaciones en la isla del Amarra-
dero, pero quedando prisioneros 49 de ellos.

HISTORIA

POLÍTICA Y MILITAR

DE LAS

REPUBLICAS DEL PLATA

DESDE EL AÑO DE 1828 HASTA EL DE 1866

POR ANTONIO DIAZ

PARTE QUINTA — TOMO XI

En el libro de A.Diaz ,
"Historia Política y Militar de las repúblicas del
Plata " se hace referencia
al mismo hecho: 10-11-
1863

Moreno que habia vuelto á tomar el mando de la vanguardia
de la Capital fué destinado por el Gobierno à una espedicion sobre los departamentos de Paisandú y Salto como lo espresa su

llegado Borges y Enrique Castro con 200 hombres que camparon á una
legua de la costa. En la tarde cambié de fondeadero á la « Isla Sola »
para desde allí distribuir el servicio que debia guardar el rio y evitar el
desembarco que sabiamos debia verificarse.
    Eran las cinco de la tarde, cuando el vaqueano D. Pablo Dugros lla-
mó mi atencion sobre tres embarcaciones que creia sospechosas. En el
acto ordené al comandante del vapor *Artigas* D. Manuel Cibils fuese á
reconocerlas. El resultado de esa operacion lo conocerá V. E. por el ad-
junto parte.

El año 1863, fue el inicio de la revuelta de Venancio Flores contra el
gobierno constitucional de Bernardo Berro. En abril del 63 se inició la
invasión al Uruguay independiente.

El Gral. Venancio Flores organizó en Buenos Aires la revuelta contra
el gobierno de Berro siendo apoyado por Mitre y el Imperio de Brasil.
Fue la época previa a la Guerra del Paraguay 1865-1870

Desde su cargo en la Armada, Manuel Edelmiro tuvo una activa participación en la defensa del gobierno constitucional impidiendo el flujo de armas y combatientes desde la Argentina

Dice Whigham (2011) *"El contrabando a favor de Flores continuó sin pausa y rumores indicaban que sus tropas estaban acercándose a las proximidades de Paysandú. El 10 de Noviembre de 1863, las autoridades blancas descubrieron por infiltrados una pequeña fuerza expedicionaria en las islas del Río Uruguay. Consistía en tres barcazas repletas de armamento, uniformes y equipos de caballería, custodiadas por cuarenta y un hombres armados. La confiscación de este material y la captura de los hombres, lo que ocurrió tres días después, provocó una nueva confrontación. Los funcionarios argentinos demandaron la restitución de la carga y la liberación de los soldados, en base al dudoso argumento de que al ser una de las islas, adyacente a la costa argentina……los uruguayos habían violado el suelo argentino"*

Recordemos que el gobierno de Berro (y en general el Partido Blanco) buscó una alianza defensiva con Francisco Solano López frente a sus vecinos. Esta alianza no se concretó a tiempo.
El apoyo al gobierno de B. Berro por parte de Solano López tuvo indecisiones que se prolongaron demasiado mientras los otros participantes afianzaron y coordinaron progresivamente su estrategia que fue apoyada por Francia y por Inglaterra.
El gobierno blanco también tuvo inconsistencias y errores.

Cuando finalmente acercaron posiciones para concretar una alianza, ya fue tarde. Caería primero el gobierno blanco y su vencedor, Venancio Flores, integraría en pago de favores a Mitre, la trágica Triple Alianza. La toma de la ciudad de Paysandú se considera el inicio de la Guerra de la Triple Alianza. Al poco tiempo cayó Montevideo.

Venancio Flores junto con Bartolomé Mitre y el Imperio de Brasil entraron en guerra contra el Paraguay. El derrocamiento del gobierno blanco fue solamente el primer escalón.

Se relata que durante la defensa de Paysandú (atacada por los barcos de Tamandaré y las fuerzas unidas de V. Flores y B. Mitre), las tropas defensoras gritaban a los atacantes: "Viva el Paraguay".

Tocó a las montoneras federales argentinas protagonizar la resistencia a la agresión al Paraguay desde las espaldas del ejército de Mitre. Así Basualdo, López Jordán, Felipe Saá, Felipe Varela, adhirieron a la causa paraguaya. Durante la guerra se produjeron 117 alzamientos contra las fuerzas de Mitre.
Mujeres guerrilleras y curas no faltaron en las montoneras sublevadas contra Mitre y el Imperio.

Incluso Juan Manuel de Rosas, exiliado en Inglaterra, legó a Solano López la espada que poseía del Gral. José de San Martín.

También los blancos derrotados y exiliados en Entre Ríos hicieron causa a favor del Paraguay y en el campo uruguayo los jóvenes escaparon a los montes para evadir la leva del gobierno colorado.

Resume magistralmente C. Machado: *"los que derribaron a Artigas, primero y a Oribe después para tener el control en el Plata y derrotaron a Rosas más tarde para poder usar el Paraná, alcanzaban por fin al Paraguay".*

Casal JM (2015 y 2004) *"La guerra de la Triple Alianza siempre ha sido un recuerdo incómodo para los uruguayos. La razón radica en que esta guerra no fue una causa "nacional" uruguaya, sino el emprendimiento de una de las dos facciones políticas rivales en aquel entonces existente en el país o, más precisamente de una fracción de una de las fracciones".*
"Esta fracción era el sector "florista" o tradicionalista del Partido Colorado uruguayo".

Fue Luis A. de Herrera quien defendió que tanto Uruguay como Paraguay habían sido víctimas de una conjura entre los gobiernos de Argentina y Brasil. Resumía su pensamiento así:

"Fueron los consejeros del Emperador y fueron el General Bartolomé Mitre y sus ministros quienes otorgaron el triunfo a los revolucionarios del 63 (Venancio Flores), y quienes nos llevaron al Paraguay a colaborar, contra nuestra voluntad y nuestro interés, en la decapitación de un pueblo heroicamente valioso y leal amigo de nuestro pueblo"

Miembros del gobierno blanco derrocado emprenderían una trágica huida filtrándose entre las tropas enemigas invasoras para terminar finalmente refugiándose en Asunción. Fernández Saldaña relata en "Los emigrados de 1865 en el Paraguay" que: *los "amigos orientales", en su mayoría políticos, abogados y periodistas terminaran encarcelados y ajusticiados por órdenes de Solano López en medio de esa guerra. Fueron acusados de ser espías, o de traición o simplemente de ser responsables de iniciar aquella terrible guerra".*

Revisando el Legajo de Manuel Edelmiro Cibils en la Armada Nacional, obtenido gracias a los esfuerzos de Graciela Amábile Cibils, consta lo siguiente relacionado con aquellos años:
Consta un pedido de informes interno que reporta:
Manuel Edelmiro Cibils, *"revistó en las listas del Ejército <u>hasta el año 1864</u> en la clase de Teniente 1° de Marina y que el 20 de febrero de 1865 <u>salió del país</u> no concurriendo al llamado de este Estado Mayor General de fecha 9 de marzo del mismo …*
En otra parte del legajo se habla "de los Jefes y oficiales dados de baja"
No hay una explícita información de lo ocurrido. **Solo se registra su cese en 1864 y que salió del país, no concurriendo al llamado de las autoridades.**
En el mismo legajo se hace referencia más adelante a "jefes y oficiales que habían sido dados de baja". (ver en un ANEXO, el documento).

Cronológicamente: En julio del 63 es nombrado por Berro. En noviembre del 63 apresa tropas de V. Flores que cruzaban el rio. Cesa en la Marina en el 64. Sale del país en 1865.

Machado C. (1973) en su memorable libro "Historia de los Orientales" expresa; *"febrero del 65. Despido masivo de funcionarios que no certificaran su coloradismo, baja de los jefes y oficiales que no fueran adictos a los invasores"*

E. Acevedo lo confirma expresando; *"en lo que no contemporizaba el nuevo gobernante era en lo relativo a la filiación política de los empleados públicos. La barrida fue general."*

Manuel Edelmiro, políticamente blanco y hombre de confianza del gobierno depuesto, abandona su cargo o es cesado en su cargo en la Marina. Sale del país seguramente temiendo por su seguridad.

Posterior información registrada en su legajo en la Armada refiere a trámites realizados por Manuel Cibils para su reintegro a la Marina.

El 24 de octubre de 1868 es reincorporado a la Marina

Historia del Ejército Uruguayo
ORDENES GENERALES
Año 1868
(SEGUNDO SEMESTRE)

Día 24. de Octubre de 1868

Art. 1º. — La Banda del Escuadrón de Artillería tocará en la Plaza de la "Constitución" desde la una hasta las cuatro de la tarde.

Art. 3º. — El Superior Gobierno con fha. de hoy ha tenido a bien mandar reincorporar a la P.M.P. al Teniente 1º de la Marina Nacional Dn. Manuel Cibils.

En el año 1872 Manuel Edelmiro aparece en la escena política y está entre los numerosos firmantes para la creación **del CLUB NACIONAL en Montevideo, que será después el PARTIDO NACIONAL.** La inestabilidad política reinante durante las guerras civiles que asolaron la República entre el 70 y el 90, en un país que estuvo gobernado el resto de ese siglo XIX por el Partido Colorado, lo llevó a emigrar al Paraguay alrededor de 1899 con varios de sus hijos.

La ida para el Paraguay fue cronológicamente posterior a la revolución de 1897 de A.Saravia. En esa época ya estaba ciego.

Don Manuel Cibils con los miembros del Directorio, formulando votos por el triunfo del Partido Nacional

Don Manuel Cibils con Luis A. de Herrera y Raffo Fabrega. (diario EL DEBATE).
Dice: **Don Manuel Cibils con los miembros del Directorio formulando votos por el triunfo del Partido Nacional**

Manuel E. Cibils con su esposa Joaquina Silveira Marquez

Firma de Manuel E. Cibils

V. LOS CIBILS EN LAS GUERRAS ENTRE LOS ORIENTALES

Varios libros escritos por los combatientes de las luchas civiles que asolaron al país después del año 1868 relatan episodios en que participaron, junto a muchos otros revolucionarios, los hermanos **Cibils Calvet, sus hijos y sobrinos.**

Los expondremos en forma cronológica.

1. LA REVOLUCIÓN DE "LAS LANZAS", 1870

Recuerda B. Nahum (1995)*, "Fue una de las mayores revoluciones del siglo, que duró dos años, congregó 16.000 combatientes y provocó enormes daños a la campaña…"*
Fue una revolución que enfrentó a un bando armado con lanzas de tacuara contra el otro bando armado con fusiles y hasta con algunos cañones.
Han llegado hasta nosotros algunas citas bibliográficas sobre algunos "Cibils" que participaron en esta legendaria revolución encabezada por Timoteo Aparicio.

En las siguientes citas del libro de A. Arozteguy (La revolución oriental de 1870) encontramos algunos "Cibils" entre los participantes, pero sin detalle de sus nombres de pila.

Basados en otras fuentes pudimos individualizar a alguno de quienes participaron. Uno de ellos fue **Floro Cibils Calvet.**

La primera cita dentro de esa revolución está comprendida en el denominado "**Combate de La Unión**" durante el sitio Montevideo.
Las fuerzas sitiadas en la ciudad planificaron y llevaron a cabo una salida con el fin de debilitar a las fuerzas sitiadoras de Timoteo Aparicio, que estaban acampadas en la Villa de la Unión.

Sigue la crónica:

*"El Comandante Estomba, (de las fuerzas de Timoteo Aparicio acantonadas en La Unión) dos horas antes de presentarse el enemigo recibió un aviso que le enviaba desde Montevideo un **Sr. Cibils** diciéndole que las fuerzas sitiadas estaban formadas en la plaza Constitución frente al Cabildo, prontas a salir por la calle 8 de Octubre rumbo a La Unión".*

El relato informa que el Cte. Estomba no tomó en cuenta esa información, dada la tranquilidad reinante en el sitio de Montevideo y su reciente éxito militar. Se produjo la salida y el ataque consiguiente de las fuerzas del gobierno contra las tropas de Timoteo Aparicio que fueron sorprendidas y derrotadas en "la Unión".
A consecuencia de esa derrota las tropas sitiadoras se vieron obligadas a abandonar el sitio de Montevideo.

Floro Cibils vivía en Montevideo. Tenía 21 años y sabemos que participó en esta revolución.

Un artículo de LA REVISTA URUGUAYA (1905) lo confirma, recordando en dicha crónica que fue un comandante que participó en tres insurrecciones. Entre ellas, la que nos ocupa de **1870**

Conjeturas sobre otros familiares:

Manuel Edelmiro tenía en ese entonces 29 años y ya se había sido reincorporado a la Marina en 1868.

Su hermano Ignacio tenía 32, (no sabemos si participó)
Su hermano Adolfo ya se había afincado en Santa Fe, Argentina

La segunda referencia de Arozteguy, reseña los principales participantes de la revolución en la siguiente lista:

La juventud de Montevideo y los pueblos de campaña estuvo
dignamente representada en la revolucion del 70. Entre los que
descollaron por su valor y sacrificios, recordamos á los siguientes: Los Rodriguez Larreta, los Berro, Camuso, Villegas, Ber-
mudez, Antonio Lusich, los Sienra, Canaveris, Velozo, Benavente, Silva y Antuña, Moratorio, Garcia Zúñiga, José Silva y
Arévalo, los Rodriguez Gil, Urbistondo, Machó, Quilez, Rigau,
Pereira, Piriz, Barbot, Curbelo, Acevedo, Luis Maria Gil, los
Lasala y Oribe, Caravia, Demartini, Collazo, Isnárdi, Segundo,
Ponce, Moré, Diaz, Viana, Viñoli, Horne, Berbis, Romeu, Pi-
zard, Morosini, (murieron tres hermanos en la revolucion),
los Lerena, Carballo, Tudurí, Larriera, Amilivia, Justo Ortega,
Lecot, Casaravilla, Calleriza, Pereira, Perez, Santini, Mongrell,
Ferrer, Anavitarte, Lenguas, Liñan, Reyes, Mutter, Capurro,
Barrera, Alfredo Castellanos, los Vila, Piñeirúa, Cibils, Freitas,
Herrera, Mansi, Coronel Escalada, Aguirre, Eduardo Fariña,
los Garcia Lagos, Manuel Alonzo, los Tejada, Oliver, Eraus-
quin, Novoa, Godo, etc., etc.

*"La juventud de Montevideo y los pueblos de la campaña estuvo
dignamente representada en la Revolución del 70"* y allí se cita a
"Cibils", entre otros.

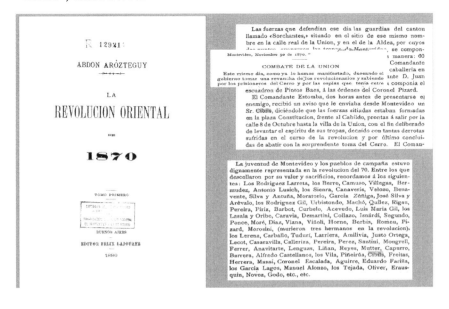

Una última referencia familiar durante ese conflicto se refiere a **ciudadanos de apellido "Cibils" residentes y emigrados en Buenos Aires**, que acogieron a otros revolucionarios fugitivos, después de la derrota en "Manantiales". "

> Tambien debemos hacer constar aquí, como una mencion honrosísima, la conducta noble y generosa de algunos compatriotas residentes y emigrados en Buenos Aires con los soldados de la revolucion que emigraron para aquella ciudad despues de la batalla de Manantiales. Entre otros que no recordamos, citaremos á los señores Avelino y Carlos Ambrosio Lerena, Don Ernesto de las Carreras, D. Melchor Belaustegui, Dr. Eustaquio Tomé, Dr. Juan Angel Golfarini, D. Federico Nin Reyes, D. Martin Vicente Perez, los Sres. Cibils y Artagavoitia, el General D. Lucas Moreno, D. Estanislao Camino y Sr. Britos del Pino.

2. MEMORIAS ALREDEDOR DE "LA PAZ DE ABRIL" DE 1872

Finalizada la Revolución de las Lanzas con la firma de la Paz de Abril, la República se debate en cómo organizar pacíficamente su vida cívica. Principistas y caudillistas de ambos partidos tradicionales se enfrentan acaloradamente.

Dice B. Nahum:

"Muchos jóvenes universitarios montevideanos sintieron que las luchas de los partidos y de sus caudillos constituían la causa principal del desorden, del atraso económico, de la inseguridad en que el país estaba viviendo desde su independencia. Formados en la Universidad, desarrollaron una ideología liberal, impartida desde la Ftad. de Derecho donde los grandes enemigos eran las divisas tradicionales, los caudillos y sus permanentes divisiones"). Crearon los grupos "principistas".

"Otros permanecieron en los partidos y dentro del Partido Blanco crearon el **"CLUB NACIONAL"** *aportando nuevas ideas al viejo Partido Blanco, que ahora comenzó a llamarse* **"PARTIDO NACIONAL".**

Al partido blanco, la paz le permite organizarse mejor. Se va perfilando su organización futura como Partido Nacional, tomando al inicio una forma más amplia llamada CLUB NACIONAL

En la organización del **Club Nacional de Montevideo** intervienen más de mil partidarios.

En las páginas de La Democracia, aparece en sus números de julio y agosto de 1972 las firmas de quienes adhieren a la fundación del nuevo partido.

Entre las más de mil adhesiones en **LA DEMOCRACIA** aparecen las de:

- **Floro Cibils Calvet**
- **Manuel Cibils Calvet**
- **Jaime Cibils .... ¿?**

Opciones: Jaime Cibils Puig, Jaime Cibils Buxareo o Jaime Cibils Calvet.

MANIFESTACION
DE
PRINCIPIOS
DEL
CLUB NACIONAL
del
Departamento de
MONTEVIDEO.

SANCIONADA EN LA GRAN REUNION POPULAR
DEL DIA 7 DE JULIO DE 1872.

Colocado el País desde 1865 en una situacion irregular y violenta, creada por el régimen dictatorial inaugurado en aquella época, y agravada esa situacion bajo la Administracion del General don Lorenzo Batlle, que *gobernando con su partido y para su partido*, llegó á hacerse intolerable aun para sus correligionarios políticos, el Partido Nacional se vió forzado á tomar las armas con el designio de llegar cuanto antes á la reconstruccion de los Poderes Públicos, bajo el imperio de la Constitucion y de las Leyes.
En las diversas tentativas que se hicieron á fin de po-

Jaime Cibils Puig siempre se mantuvo aparte de la militancia política, manteniendo lazos personales con varios bandos. (recordar lo de "comerciante y banquero catalán").

¿Pudo haber sido Jaime Cibils Buxareo? o Jaime Cibils Calvet?

El manifiesto mencionado, al fin de la Revolución de las Lanzas, llamó a la unión de todos los ciudadanos sin banderías y presentó un programa democrático, con altos ideales de gobierno y administración, probidad en el desempeño de la función pública, etc. En suma, una alta carga del pensamiento principista de la época.

Jaime Cibils Calvet tenía hijos y sobrinos de militancia blanca.

Queda abierta la duda de cuál de esos "Jaime" fue el firmante.

Referencia a Federico Cibils en "Efemérides Uruguayas"

Esta cita, en el Tomo III pág. 265, hace referencia a Federico Cibils Buxareo, hijo de Jaime Cibils Puig unos años después de la revolución de 1870. La referencia está relatada dentro de los acontecimientos del año **1875,** durante la dictadura de Latorre. El destierro, a que hace mención esta cita, fue también consignado en el libro de memorias de Mariano Ferreira, otro de los deportados.

· Ministerio de Guerra y Marina.

· Montevideo 20 de Octubre de 1875

· Se previene a los ciudadanos, D. Carlos Muñoz, Dr. Mariano Ferreira, Dr. Emilio Castellanos, D. Carlos M. Escalada, D. Antonino Suárez, D. Juan José Sosa Díaz, D. Bernardo Esparraguera, D. Prudencio Ellauri, D. Alfredo L'Elgeré, D. Cornelio Guerra, D. Vicente Villalba, Dr. Federico Cibils, D. Carlos Valdés, D. Alejandro Maderna, Sargento Mayor D. Adolfo Areta y D. Juan Palma, *síndica dos como conspiradores* contra el orden público, dejen el territorio Nacional en el improrrogable plazo de 24 horas, a contar de esta fecha; previniéndoseles, que si no lo hicieren, serán aprehendidos y tratados a la par de los rebeldes en armas, contra los altos poderes del Estado.

· Dese conocimiento de esta disposición a la Jefatura Política del Departamento de la Capital, y a la Capitanía del Puerto, para que vencido el plazo a que se refiere esta prevención, capturen y presenten los contraventores ante quien corresponda, para el inmediato sumario y castigo militar.

L. Latorre. ·

La deportación se debe a razones políticas. Estos ciudadanos, ciudadanos vinculados al Partido Constitucional (independientes de colorados y blancos) no eran del agrado del militarismo. Su integración fue de mayoritariamente de abogados independientes

3. LA INSURRECCIÓN DE 1896

Arturo Ardao y Julio Castro (1937) publicaron un libro sobre la vida de **Basilio Muñoz** en donde este legendario caudillo recuerda todas las insurrecciones blancas de su tiempo, siendo una fuente invalorable de conocimiento de nuestra historia y de su gente. La introducción del libro, escrita por Carlos Quijano, es una lectura memorable.

Los años de 1896 y 1897 encontraron al joven Basilio Muñoz incorporándose de adolescente a las revoluciones blancas.

El año de 1896 fue un año de importantes conflictos que haría crisis con la Revolución de 1897.

El fraude electoral perpetua en el poder a un personaje muy controvertido, el presidente Idiarte Borba, que gobernó con una fracción colorada contra casi todo el país y que finalizará con su propio magnicidio. En las últimas elecciones realizadas en el país (con una gran abstención) solamente votaron 4.000 personas, muchos de ellos personal de tropa y policías subalternos.

Basilio Muñoz y Aparicio Saravia deciden rebelarse contra ese estado de cosas.

Cuenta B. Muñoz: *"la situación se hacía va insostenible. En el Cordobés se resolvió entonces tomar medidas para definir aquel estado de cosas"*

Viajaron a la capital Saravia y Muñoz, a entrevistarse con el Directorio Blanco, que le dio largas al asunto de la insurrección con varias excusas, entre ellas la falta de dinero.

Fue allí donde Saravia los increpó manifestando:

"Yo creo que por falta de dinero no debemos esperar tanto tiempo. Yo pongo los títulos de propiedad a disposición del Directorio; prefiero dejar a mis hijos pobres y con patria y no ricos sin ella."

Retornan defraudados a sus pagos y se organiza la insurrección que empieza el 24 de noviembre.

"Al cabo de cinco días tuvo lugar en Cuchilla Ramírez, departamento de Durazno, la unión de todas las fuerzas. Sumaban poco más de 700 hombres, armados de unas 200 lanzas y veintitantas armas de fuego. Bajo la persecución del 4° de Caballería, con el que se tuvieron las primeras guerrillas en campos de Muñoz, marcharon sobre Sarandí del Yi, defendido por el comandante Uriarte, que capituló."

El 1° de diciembre son atacados y dispersados por tropas del gobierno y perseguidos. Se van retirando hacia el norte buscando la protección de la frontera.

En esta parte de las memorias de B. Muñoz que aparecen dos familiares a los que volveremos a encontrar trágicamente un año después: Continúa el relato de B. Muñoz:

*"En Cerro Pereyra, después de haber perdido más de 200 hombres agobiados por la fatiga y el sueño, fueron atajados por el general Escobar. Chiquito entonces disolvió la columna, y Basilio y su hermano Juan se dirigieron hacia la barra del Pablo Páez, donde se separaron, marchando el último con el grupo más numeroso y quedando aquél con **Luis Cibils y Orestes Cibils**"*

"La aventura no había alcanzado a durar dos semanas. En ese corto plazo se habían atravesado 250 leguas de tierra uruguaya, sin armas ni municiones, en una temeraria correría que dejó asombrado a todo el país.

Militarmente el movimiento había fracasado, como no podía ser de otra manera, y como lo descontaban ya, antes de emprenderlo, sus propios gestores. Pero el espíritu de sacrificio, la osadía y hasta la astucia para burlar a fuerzas desproporcionalmente superiores puestos de manifiesto por la pequeña columna rebelde, lograron el objetivo perseguido. El movimiento fue acogido con señalada simpatía no sólo por las masas nacionalistas, sino también por el sector colorado de oposición en el que apuntaba ya como cabeza José Batlle y Ordóñez. Quedaba convulsionado el país ya preparado el ambiente para una revolución formal."

Luis Ignacio Cibils Rabelo y su primo **Orestes Cibils López** aparecen por primera vez en la insurrección blanca, preámbulo de los episodios en la revolución del año siguiente.

4. LA REVOLUCIÓN DE 1897

Luis Ignacio Cibils, Orestes Cibils, Toribio Cibils y Floro Cibils

Basaremos las memorias de esta revolución en el libro:
"Por la Patria. La revolución de 1897 y sus antecedentes".
Es esta una obra de referencia de la colectividad blanca.
Es el libro de campaña de Luis A. de Herrera con abundantes comentarios políticos y bélicos. En sus dos extensos tomos se refiere en varios pasajes a la participación de alguno de los hermanos Cibils Calvet y de sus hijos.

Manuel Edelmiro Cibils, ciego y viejo no participó en esta revolución. Lo hicieron varios de sus familiares más allegados, hermanos, sobrinos.

Entre los relatos de las primeras semanas del conflicto se consigna que la columna que comanda Diego Lamas se toma un tiempo para ir a visitar a un viejo y querido correligionario al que el paso del tiempo alejó de las luchas del partido.

Un hermoso párrafo de las memorias de Luis A. de Herrera da cuenta del prestigio de **Manuel Edelmiro Cibils** en el partido blanco.

Se relato refiere que la columna comandada por el **coronel Diego Lamas,** se desplazaba por la ribera del río Negro después de la batalla de Tres Arboles, (que fue la primera batalla en la que participó el joven Luis A. de Herrera).

La columna de insurrectos avanza por las orillas del Rio Negro y al llegar al pueblo de Polancos, Herrera escribe lo siguiente, el día 22 de marzo de 1897:

Página 283, del libro "POR LA PATRIA";

"Pronto llegamos al pueblito de Polanco, villorio enterrado entre las arenas del Negro. Con gran alegría se nos recibe allí.
Después de interrumpir la comunicación telefónica con Paso de los Toros y de comprobar que el Ministerio de la Guerra viene en nuestro seguimiento con 5.000 hombres, doce piezas de artillería y cocinas económicas, carretas de víveres delicados, colchones y demás sibaritismos, seguimos la marcha.

Antes de ponerse el sol pasamos por la casa de don Manuel Cibils, patriota ciudadano envejecido sirviendo a su partido. Ciego y postrado no puede presenciar ahora nuestro desfile marcial, pero en su homenaje manda tocar el coronel Diego Lamas una diana.

Cierto estoy de que al conjuro de aquella clarinada que tantas esperanzas realizadas pregona, tembló embargado por briosas emociones este impertérrito soldado de la justicia."

Manuel E. tenía entonces 56 años y desde hacía años vivía en Polancos, Tacuarembó. Posteriormente se trasladó a vivir a "Santa Isabel", (actual Paso de los Toros), cerca de los establecimientos rurales de sus hijos, donde murió.

5. FAMILIARES QUE PARTICIPARON Y MURIERON EN LA REVOLUCIÓN DE 1897

Comenzaremos las memorias de esta revolución mencionando un episodio de coraje que se recuerda desde entonces en la tradición blanca.

El coraje de los hombres que protagonizaron esa acción ha sido objeto, desde entonces, de emocionados relatos y de canciones.

Hace unos años el P. Nacional organizó una marcha a caballo en recuerdo de la gesta.

Nos referimos a la histórica **"Carga a Lanza de Arbolito"**, llevada a cabo por solo **veintiséis hombres** contra el ejército gubernamental.

La batalla de **"Arbolito"** fue una de las más célebres de la revolución de 1870, no solamente por su costo en vidas sino por la muerte del legendario Antonio F. Saravia, "Chiquito", hermano de Aparicio Saravia.

Los libros de historia recogen la participación algunos **Cibils** en esta batalla.

Luis Ignacio Cibils Rabelo fue uno de los heridos y allí mismo murió su primo Orestes Cibils López, a los que ya mencionamos en los sucesos del año anterior ,1896.

Varios libros recuerdan los detalles de dicho combate y de sus participantes.

El relato más emotivo lo hacen Arturo Ardao y Julio Castro (1937) entrevistando, muchos años después a **Basilio Muñoz,** que fue uno de los participantes.

Rememorando los hechos cuenta Muñoz lo siguiente:

"Iniciada la lucha con un intenso fuego de fusilería, Chiquito Saravia el impulsivo jefe de la vanguardia insurrecta, llevó una violenta carga a lanza sobre la derecha del enemigo. Rechazado por éste, organizó una nueva carga al centro, con el mismo resultado adverso.

Al chocar esta segunda vez, uno de sus hijos, muy joven, intentó retroceder.

Chiquito, fuera de si lo amenazó: -¡Si disparás te lanceo!-

En ese instante el muchacho fue derribado junto con su caballo.

Creyéndolo herido, el padre resurgió en Chiquito.

Ordenó rápidamente a algunos de sus hombres que lo recogieran, y él se dispuso, cercado de adversarios, a proteger la operación.

Con un golpe en la frente del mismo antebrazo desnudo que empuñaba el asta se echó a la nuca el chambergo gaucho.

En un viril alarde de coraje volvió luego la cara a sus perseguidores tendiéndoles la lanza.

Fue tal el gesto que por sí solo paralizó el ataque.

Vuelto a sus filas, Chiquito cargó de nuevo, esta vez sobre el ala izquierda gubernista, donde el comandante Ortiz, con parte del 3ro., combatía intensamente con Basilio Muñoz a 70 metros de distancia.

Seguían a Chiquito en su tercera tentativa, siete compañeros.

Viendo Basilio Muñoz que iban a un sacrificio seguro, reunió improvisadamente quince lanceros y dejando al capitán Recoba, primo suyo, al frente de su guerrilla, cargó también.

Fue aquélla <u>la histórica carga a lanza de Arbolito</u>, llevada a cabo por sólo veintiséis hombres contra un poderoso ejército de línea.
 (1.)

Dos de aquellos lanceros junto a Basilio Muñoz fueron Luis Cibils y Orestes Cibils, según detalla la nota (1.) adjunta.

Orestes Cibils, murió en esa batalla.

LISTA DE QUIENES PARTICIPARON EN LA
"CARGA A LANZA de ARBOLITO" según B.Muñoz

NOTAS

1. He aquí sus nombres: Mariano y Desiderio Saravia, Manuel Suárez, Antonio Galarza, Pedro Francia, José María González y N. Chalar, que acompañaban a Chiquito; Juan y Silvio Muñoz, José Luis Hernandorena, Ángel, Cirilo y Cruz Aldama, José Lain, Manuel e Isabelino Aquiño, Claudio Pérez, Isabelino Báez, Domingo, Isabelino y Diego Velázquez, José López Aldama y Orestes y Luis Cibils, que acompañaban a Basilio Muñoz.

2. Los relatos de la muerte de Chiquito dados a publicidad hasta ahora, han atribuido el gesto, erróneamente, al combatiente Chalar, hijo del coronel Chalar que cayó, en la forma que ya vimos, durante la guerra del 70. Poniendo las cosas en su sitio, Basilio Muñoz ha

Retrospectivamente, "otros combatientes pensaron que "Chiquito" Saravia entendió que podía resolver la pelea con una carga de lanza, atacando un sector del ejército enemigo. En la carga le balearon el caballo.

El caudillo se atrincheró detrás de su equino y cuando se le terminaron las balas apareció el enemigo. El "Pardo Toranza" fue uno de los primeros. Logró acercarse a "Chiquito" y lo mató de un machetazo".

Luis Ignacio Cibils Rabelo – Participó en la "Carga a Lanza de Arbolito". Abogado, escribano, periodista, escritor, delegado estudiantil en su época.

Cuenta su hija, en su blog *"que después de las revueltas blancas Luis se vino a vivir en una paupérrima pensión en Montevideo. Marchaba todos los días a estudiar a la Universidad y para todo andaba de a pie. No le quedó otro remedio que ir a comer en lo de su tío Floro Cibils.*
Al terminar la carrera de escribano se casó con una de las siete hijas del tío Floro Cibils, de nombre Ma. Tomasa, que vivían por ese entonces en lo que se conocía ya como Villa Biarritz. "

Luis A. de Herrera en sus memorias confirma en señalar los mismos participantes de esas batallas.

En la pag. 42 del **II Tomo de POR LA PATRIA** hay una lista de muertos y heridos de la batalla de Arbolito.

Entre los heridos figura **Luis Cibils** (Luis Ignacio Cibils Rabelo) y entre los muertos el **teniente Orestes Cibils** (su primo, T. Orestes Cibils López)

En otras batallas de esa revolución aparecen otros familiares.

Luis I. Cibils Rabelo al centro, acompañado de O. Rachetti y Reyes Pena
(tomado del blog de su hija Esperanza)

T. Orestes Cibils López – Participó en la "Carga a Lanza de Arbolito". Murió en "Arbolito"

Teodoro Orestes Cibils López nació el 9 de noviembre de 1875 y murió en "Arbolito" 19 de marzo de 1897. Tenía 21 años.

Fue hijo de Eugenio Cibils y Leoncia López. Nieto de Jaime Cibils Calvet. Vivió en Durazno y fue bautizado en la Capilla de Farruco.

En la localidad de **Arbolito** ubicada a la altura del km 364 de la Ruta 8, viven actualmente unas 200 personas.

Allí, un monumento y un osario común indican el lugar de la batalla.

En dicho monumento están los restos de todos quienes fueron víctimas del combate y cuyos cuerpos quedaron tirados en el campo de batalla. Sus familiares nunca se acercaron a retirarlos.

En dicho lugar se hizo un osario común donde yacen para siempre los restos de los servidores del ejército del gobierno y del ejército blanco revolucionario.

La foto adjunta señala el lugar donde cayó "Chiquito" Saravia.

La REVISTA ALBORADA (1898) corrobora los hechos;
Batalla de ARBOLITO, 19-3-1887 (Luis I. Cibils y Orestes Cibils).

Sargentos: Gregorio Quevedo, Eul
gio Morales, Félix Fernández, Inocenc
Silva, Santiago Melgarejo, Julián Cl
vijo, Ramón Acosta y Benjamín L
cerna.

Cabos y soldados: Manuel Carci
Cándido Silva, Liberato Gómez, Lu
Gustavo, Dalmacio González, Gabino L
zano, Pedro Benítez, Mauricio Martíne
Luis Cibils, Ramón Flores, Cleofe Sam
Valeriano Sánchez, Belisario Estomba
Quintín Aparicio, Exequiel Bayares, C
lestino Bayares, Telmo Hernández, Jua

Muertos

Coronel: Antonio Floricio Saravia (a)
quito.
Teniente Coronel: Floro Zabatel.
Sargentos Mayores: Nicasio Trías (hi-
y Cirilo Aldama.
Capitanes: Celestino Rodríguez, N.
ano y Ángel Aldama.
Tenientes: Máximo Mendoza (a) El Sa-
y N. Legrand.
Subteniente: Juan Fernández.
Sargentos: Arturo Ureta, José Leins y
io Sánchez.
Cabos y soldados: Orestes Cibils, A
Britos, Martín Rodríguez 1°, Ma-
Aquino, Francisco Morales, Zoilo
Pedro Alvarez (a) El Mellado, N.
(de la gente del Mayor don Juan
) y tres más, cuyos nombres no
sido posible averiguar.

BATALLA DE "TARARIRAS"

En la pag. 374 del **II Tomo de Por la Patria,** aparece una referencia a
Floro Cibils en los preparativos de la batalla de Tarariras
Habla **"del comandante Floro Cibils venido de Montevideo con
medio centenar de correligionarios decididos".**
Floro Cibils Calvet, el hermano de Manuel Edelmiro tío de Luis
Ignacio y de Orestes.

Toribio CIBILS Silveira
pag.466 del II Tomo. Del mismo libro, aparece entre los integrantes
de la Novena División, **Toribio P. Cibils** (Toribio Cibils Silveira)

Los revolucionarios. (sección de una foto de la época)

6. La pasión política y las divisas

Disfrutando actualmente de un Uruguay con una democracia plena y un maduro respeto de todas las opciones democráticas recordamos ése siglo XIX de duros enfrentamientos citando algunas opiniones y hasta el texto de las divisas sujetadas al sombrero de los participantes.

R. Rossi (1926) en su libro de "Hombres y Anécdotas" menciona algunos ejemplos de pasión e ideología resumidos en el texto de una divisa, escrita sobre una cinta blanca o colorada, del sombrero de un guerrero.

Transcribo algunas:

"LO QUE QUEDA PARA MI PARTIDO"
(divisa del Cap.Echart, colorado y manco)

"NO CREO EN BRUJAS" (colorado)

"AIRE LIBRE Y CARNE GORDA" (divisa blanca de 1904)

"TWENTY YARDS" (texto incluído en una cinta celeste que un
revolucionario compró en un almacén. Por el color, obviamente)

"JURO POR MI BIEN QUERIDO, NO DEJAR SALVAJE VIVO"

"JURO POR MI BIEN AMADO, NO DEJAR UN COLORADO"

"BLANCOS SARNOSOS"

"TREINTA AÑOS DE AUSENCIA, SALVAJES..... TENGAN
PACIENCIA"

"NEGRO SERÉ... BLANCO EN LA PUTA VIDA" (en la divisa de un
soldado negro).

Uno de los parientes del Paraguay recordaba que su tío-abuelo
emigrado desde el Uruguay repetía frecuentemente que:
"usaba medias coloradas...para irlas pisando todo el día".

Al lado de las expresiones de pasión política, de odio o de
animosidades más o menos reprimidas, deseo cerrar este flash
histórico con la cita del nieto del Gral. Justino Muniz (colorado), que
refiriéndose a la personalidad de uno de los más encarnizados
enemigos de su abuelo, el Comandante Basilio Muñoz, (blanco),
escribió esta semblanza sobre la persona de quien fuera un tenaz
oponente; (extractado de Ardao y Castro 1971):

Basilio Muñoz…

"Viene de los tiempos en que el coraje se alargaba hasta en las puntas de las lanzas y que los hombres se miraban a los ojos para matar o morir en los entreveros, en los que el trabuco era lento y el puñal un relámpago.

Lo recuerdan los viejos labios del campo cuando se iluminan con las estampas de las antiguas crónicas que ilustran las melenas blancas de los caudillos, los vivos rojos o celestes de los chiripás , con los sonidos de lloronas en las botas de potro y de coscojas en los frenos plateados.

Es un claro recuerdo de nuestra infancia emocionada, galopando audaz a chocar con la escolta de Muniz en la cuchilla ocre de Arbolito en el 97, y en las resistencias cruentas de las retiradas …

Sangre de caudillos; nombre de ellos, los suyos que eran tradición en un tiempo de los pagos , que hoy es ya tradición para nosotros.

Decíase que era pulcro, cordial y suave en el vestir, los movimientos y el trato, y que eran los campos de las guerrillas y los entreveros , como los salones de los alfombrados de verde y rojo , en los que él lucía un valor juvenil, presumido y elegante.

"…frente a los gauchos que le descargaban el trabuco o le arrojaban las boleadoras , el adelantaba el sable firme en la mano enguantada."

"Así lo hizo en nuestra imaginación el relato unánime de los que lo vieron en los combates; con sonrisa cordial y palabra sobria en los labios de Muniz, con gestos asombrados en los rostros ingenuos de los paisanos"

VI.   EL COMANDANTE FLORO CIBILS CALVET

Participó en las campañas de 1870, 1897 y 1904

Floro Cibils Calvet es mencionado varias veces en las crónicas de la revolución de 1897.

Gracias a un ejemplar de Caras y Caretas (1903) de Bs.As. pudimos rescatar su imagen dentro de una página informativa dedicada a los **"Jefes de la Revolución de 1904"** en Uruguay.

Su nieta Nelly T. Cibils Goñi nos aportó la versión original de la fotografía que reproducimos aquí.

(Fechada en 1898)

José Monegal, en su libro "Vida de Aparicio Saravia" hace referencia a la participación de Floro Cibils en la insurrección de 1897.

En la página 281 se relata que en el día 20, *"que llegan al campamento de Saravia su hermano Pancho y de Floro Cibils con 350 hombres."* Es de señalar el importante contingente que comanda Floro Cibils (seguramente desde la capital y aledaños). Es de recordar que todo el ejército de Saravia eran unos 3000 hombres en ese momento.

El Cnel. Miguel Cortinas en una serie de artículos sobre la revolución del 97 cita lo siguiente, en LA REVISTA URUGUAYA de 1905

La Revista Uruguaya

Política, científica, literaria, historia y economía política.—Órgano del Partido Nacional

Año I | Mercedes, R. O.—Noviembre 1°. de 1905 | Núm. 13

⁽¹⁾ ¡EL 97 URUGUAYO!

Por la Redención Política!...

NARRACION
Sobre la Campaña Revolucionaria del 97
POR EL
CORONEL MIGUEL CORTINAS

(Continuación)

Véase Núm. 12.

Siguió la marcha el ejèrcito revolucionario con rumbo al Sur, y el día 18 estando acampados en el Quebracho, llegaron al Ejército los doctores Rodriguez Larreta, Berro y el señor Machado con nuevas proposiciones, las que no fueron aceptadas por el señor General y sus Jefes.

Ese mismo día se siguió marcha, con rumbo al Sur, yendo á acampar á las [ ]tas del Tupambaé.

El dia 20 se incorporó el comandante Francisco Saravia, y el Comandante Floro Cibils, con un grupo de 400 hombres más ò menos, y en seguida el señor General trató de pelear al Coronel Klinger; que se encontaaba á unas 5 leguas proximamente de nuestro campo.

El dia 21, á las 5 a. m. marchó el señor General con 500 hombres en busca del Coronel Klinger, y á las 8 más ó menos se encuentra con las fuerzas que mandaba el General Manuel Benavente reunida al Coronel Klinger, cuyas fuerzas se componían de 4.000 hombres más ó menos.

El señor General, sin tener en cuenta el número del enemigo, les llevó la carga y después de descubiertas las fuerzas de Benavente con el que emprendió un fuerte tiroteo, empezó á retirarse con rumbo adonde estaba el Coronel Lamas, con el resto del Ejército.

La retirada que hizo el General, distancia de dos leguas deteniendo al Ejérci-

COMANDANTE APOLINARIO VELEZ

to de Benavente fué tan notable, que solo un guerrero como lo es Saravia ha podido con 500 hombres, pelear á 4.000. Los Jefes que acompañaban al señor General Saravia, era el de la 1ª. División Coronel Rivas y Comandante don Francisco Saravia, Comandante Floro Cibils y Mayor Don Desiderio Trias (1), haciendo como he dicho antes su ré[ ]da hasta

(1) En las exposiciones ó narraciones de civiles ó militares, aquellos ó aquellos pequeñisimos é insignificantes detalles, que no entren en el plan de esta Revista publicarlos por razones de oportunidad, etc. etc... irán integros con sus notas y comentarios respectivos en nuestra Historia, del 97".

(1) Tambien iban los Comandantes Agustin y Basilio Muñoz.

*"El día 20 se incorporó el Comandante Francisco Saravia y el Co-
mandante Floro Cibils con un grupo de 400 hombres más o menos y
enseguida el Sr. General trató de pelear al Coronel Klinger que se encontraba a unas cinco leguas aproximadamente de nuestro campamento".*

Al día siguiente se enfrentaron a las fuerzas del General Benavente y
del Coronel Klinger, que juntos sumaban 4.000 hombres. Aparicio lo
enfrentó con sus 500 guerreros.

*"Los Jefes que acompañaban al Sr. General Saravia era el de la 1°
División Coronel Rivas y Comandante don Francisco Saravia,
 Comandante Floro Cibils y Mayor Don Desiderio Trias"*

Ponce de Leon LR, (1954) corrobora también estos acontecimientos
en su libro sobre A. Saravia.

Revolución de 1904 y sus antecedentes.

Finalizada esta revolución de 1897 Floro Cibils continuó intervi-
niendo activamente en la vida política de la República.
Lo encontramos nuevamente mencionado en las crónicas de la **Revolución de 1904 y sus antecedentes.**

El año 1903 presagia el futuro enfrentamiento bélico del año siguiente.

Se desarrollan febriles negociaciones entre el gobierno del presidente
Batlle y los blancos de la capital y del interior.

En el libro Memorias de Aparicio Saravia, (1956) escrito por su hijo
Nepomuceno, aparece en la pág. 394 referencias a la participación de
Floro como uno de los posibles delegados de Aparicio Saravia en las
negociaciones.

TELEGRAMAS ENTRE A. SARAVIA Y LOS CORRELIGIONARIOS BLANCOS DE LA CAPITAL (año 1903). Ref: Floro Cibils

17 de Abril. — Carta de José Escribanis. Era Convencional por Río Negro y por ese motivo no pudo asistir al casamiento de su ahijado Aparicio (hijo) el 25 de Febrero/03. Contribuyó con su voto *"para expulsar del partido a los ocho traidores, la mayoría resolvió solo expulsar a cuatro y no hubo nada que hacer."* El 17 de Marzo se encontró con el Dr. Imas quien le dijo que el Cnel. Aldama y el Cte. Floro Cibils estaban detenidos; intentó salir de la Capital, se internó por unos días con unos amigos en los pajonales de Carrasco y cuando se ponían en viaje supieron de la paz.

18 de Abril. — Telegrama de FLORO CIBILS: *"Interrogado miembros Directorio aceptaría Ud. mi nombramiento Jefatura esa, manifestéles creía sí, espero no equivocarme."*

18 de Abril. — Otra, de Montevideo: *"Difícil nombramiento Ponce causa falta edad, Floro Cibils dice Ud. aceptaríalo ¿qué le parece? Salúdalo. A.* RODRÍGUEZ LARRETA.*"*

Con la misma fecha: *"Presidente no acepta Ponce y éste tampoco por no poderse poner condiciones constitucionales. Urge envíeme candidato reuna condiciones. Salúdalo. E. IMAS."*

Es evidente que el General deseaba hacer justicia a su brillante secretario, Luis Ponce de León.

19 de Abril. — Escribe FLORO CIBILS desde Montevideo; aspira al puesto por que lo necesita y se cree capacitado.

Floro estuvo detenido en 1903 y también en 1904

Posteriormente existe una referencia en el libro de Blixen, (1904) "Sangre de Hermanos" en que relata un episodio durante el gobierno de Batlle y Ordoñez.

Arrestan y envían a la Isla de Flores a prominentes blancos de Montevideo, entre ellos a **Floro Cibils Calvet,** siendo liberados un mes después.

También la revista Caras y Caretas de 1904 presenta un detallado informe de la revolución de 1904, con fotos de sus dirigentes, de combatientes de ambos mandos, ciudades, etc.

CORONEL PAMPILLÓN
Sublevado en San José

SR. BASILIO MUÑOZ
Jefe político de San José
sublevado

Reproducción
parcial de la
página de
**Caras y Caretas
Bs.As. 1903**

Se observa la
fotografía de
Floro Cibils
Calvet junto a
otros jefes como
Basilio Muñoz y
Pampillón

SR. CICERÓN MARÍN
Comandante nacionalista,
sublevado en San José

SR. CAYETANO GUTIÉRRE
Comandante nacionalista
sublevado en Flores

SR. FLORO CIBILS
Nacionalista arrestado por
el gobierno

COM. JULIO BARRIOS
Jefe nacionalista de Rivera
á quien se amenazó d
muerte juntamente co

El texto
informa que
se encontraba
arrestado.

(En la isla de
Flores)

El encarcelamiento de 1904 ocurrió luego de la victoria de las fuerzas de A. Saravia en Fray Marcos.

Cunde el pánico en la capital, se cavan trincheras para la defensa y el gobierno encarcela a dirigentes blancos.

El mismo día de Fray Marcos se efectuaron nuevas prisiones políticas, y el gobierno resolvió.enviar los presos á la isla de Flores, custodiados por gente de la Comandancia de Marina.

En aquella condición fueron remitidos á la isla mencionada, fuera de los ya nombrados, Manuel Mattos, José Zubillaga, Floro Cibils, José Britos, Arturo Berro, Eduardo Monteverde, Augusto Ponce de León, Pedro Casaravilla Vidal, Juan Tomás Clulow, Juan Garat, Benito Romay, Federico Clulow, doctor Lenguas, José Clulow, Eduardo Joanicó Otorguez, Francisco Bufacini, Eusebio Carrasco, mayor José L. Tejería, Luis Donadini, Francisco Fernández Capdevila y Juan P. Ortega.

El 2 de Febrero circuló con insistencia el rumor de que los presos políticos

Un mes después son liberados por el gobierno de J.Batlle y Ordoñez

Á mediados de Marzo procuróse constituir en la capital un centro de política partidaria denominado «Club de solidaridad colorada General José Garibaldi».

El Club "Garibaldi" Esta nueva asociación política ítalo uruguaya debía reincidir en el propósito de organizar una legión italiana cuya comandancia sería ofrecida al señor Juan Deambrosis, miembro de la junta administrativa de guerra.

Pero los residentes italianos acogieron mal la iniciativa y entre ellos se activó la propaganda de protesta por la formación del batallón de voluntarios.

Por orden superior fueron puestos en libertad el 25 de Marzo los comandantes nacionalistas José Britos y Floro Cibils, mayor Manuel Derquin y capitán Adolfo García, que se hallaban detenidos en la isla de Flores **Nacionalismo** desde el mes de Enero.

En el libro "Grandes Figuras Blancas" (2001) de W.Perez, aparece otra referencia a Floro Cibils.

Su nombre figura entre los cinco recaudadores de fondos para la revolución de 1904, junto a los de Febrino L . Vianna , Carlos Percovich , Ramón Arocena, Gregorio Lamas.

Los nietos de Floro recuerdan aún hoy, con ironía, las "vacaciones que el viejo Batlle" le hacía pasar a su abuelo en la isla de Flores.

VII.   LA OTRA CARA DE LAS REVOLUCIONES.
Las mujeres de los combatientes

Al lado de las batallas y de sus hechos heroicos, pero también de las dudas y los temores diarios de los insurrectos, transcurría la ausencia del hogar de los combatientes y la vida anónima y sacrificada de sus mujeres.

En su libro "Con la Divisa Blanca" Javier de Viana (1904) describe en un hermoso párrafo, el sentimiento de los soldados y de sus mujeres:

"La pequeña villa de Treinta y Tres se agita en movimiento inusitado. Por sus calles, antes solitarias, se ve el continuo galopar de jinetes…
En los balcones, en las ventanas, en las puertas de las casas, se ven mujeres pálidas que contemplan aquel apresto con ojos de dolor y niños que observan con ojos inocentes que interrogan a las madres, no sabiendo si han de reír o han de llorar.
En una de mis idas y venidas paso por el hotel donde está mi esposa teniendo a mi hijito en la mano.
- *" ¿ Tu también ? - me dice, con lágrimas en la voz"*
- *"Yo también, respondo" y huyo para que no me amilane el recuerdo del hogar, que la más inicua de las guerras a deshecho con su zarpazo feroz*

Y cierra el episodio con una reflexión; *"comprendo ahora la profundidad de un verso latino "bella matribus detesta"* del poeta Horacio. *(la guerra que las madres detestan).*

Algunos recuerdos de Esperanza Cibils, nieta de **Ignacio Cibils Calvet**, describe los sufrimientos y angustias de entonces. Escribe, por ejemplo, recordando a su abuelo:

"Mi abuela, que se había casado a los quince años, tuvo desde temprano que lidiar con la hacienda debido a las frecuentes ausencias de su irresponsable marido, ya que mi abuelo no fue lamentablemente ni buen marido ni padre,

sino que se interesaba en hacer vida social contándose entre sus amigos el poeta Elías Regules.

Fue, pues el epítome del patriarcalismo imperante de la época. Es así que, cuando mi padre contaba escasos dieciséis años muere su adorada madre, adorada por los dos hermanos varones, él y su hermano tres años menor Atahualpa Irineo de trece.

Y habiendo presenciado desde la más tierna infancia los continuos maltratos que de su madre hizo objeto su padre, al morir ella de cáncer de endometrio decidieron marchar para no volver, uno, el menor, a buscar fortuna (al Brasil) y el otro a unirse a la revolución de Aparicio Saravia.

Mi abuelo murió en 1916 sin volver a verlos"

Nota: su abuela fue Cipriana Cornelia Rabelo.

Recuerdos de la abuela Joaquina. (Esposa de Manuel E. Cibils)
Memorias que han llegado a través de su nieta Iberia Cibils refieren las angustias de la abuela Joaquina durante los enfrentamientos civiles ya que muchos integrantes de su familia eran "blancos", pero hubo algún otro que era "colorado".

Contaba la abuela Joaquina a su nieta y de allí nos llega dicha memoria por su bisnieta, que *"cada vez que llegaban soldados, ella miraba por la ventana para ver de qué partido eran los visitantes, con la angustia de saber qué noticias traían.*

Entonces los salía a recibir (siempre esperando alguna mala noticia) usando un pañuelo anudado al cuello. Un pañuelo blanco o un pañuelo colorado … según la visita".

Aquella angustia permanente, cuando sus hijos mayores tenían poco más de veinte años, llevó a Manuel y a Joaquina a trasladarse al Paraguay.

Emigraron después de 1897 (probablemente en 1898/9), después de las revoluciones de 1870, 1896 y 1897. En ésta última había muerto su sobrino Orestes, había sido herido su sobrino Luis Ignacio y combatido también su hermano Floro.

Vivieron 17 años en el Paraguay, retornando a Paso de los Toros aproximadamente hacia 1915/6.

Garcia Lopez R. (2018) realizó una investigación sobre las mujeres en ese período de revoluciones y escribe;

"La ausencia de los hombres en casas, tanto de un bando como del otro, implico que muchas veces las mujeres tuvieran volverse cabeza de familia y salir a trabajar para alimentar a sus hijos. La muerte o las heridas de los familiares fueron también desafíos para las mujeres…

Las mujeres partidarias del P. Nacional de la ciudad trabajaban activamente para conseguir fondos, se les llamaban las "pedidoras blancas" y apelaban a comerciantes y capitalistas para conseguir recursos financieros para la revolución.

Las mujeres que participaron en la revolución eran llamadas por los conservadores colorados de la época como "marimachos revolucionarios", las mujeres no sólo participaron de la revolución de forma directa y excepcional debido a la orden que había de no aceptar mujeres en el ejército, sino que también dieron sus apoyos de otras formas como Corolina Ferrari de Paseyro que escondió en su casona de Dolores armamentos de los saravistas en el jardín de los policías bordistas, otras fueron sancionadas por dar su apoyo en público como una maestra de Nico Pérez que fue sancionada por Primaria por gritar a viva voz ¡Viva el ejército de Saravia y Lamas! cuando pasaba frente a la escuela un columna blanca.
Las mujeres también se dedicaron al cuidado de los heridos en el Hospital de Caridad en Montevideo, en los hospitales de las ciudades del interior y en improvisados Hospitales de Sangre ambulantes por la campaña y acompañaron a médicos y practicantes en los campos de batalla.

Las mujeres pudieron participar directamente en el combate en el ejército gubernamental, pero estuvo prohibido su participación en el ejército revolucionario, pero a pesar de eso si hubo casos.
Muchas de ellas tuvieron que encabezar la familia y salir a trabajar para mantener a sus hijas, muchas mujeres acompañaron a los médicos en el cuidado de los enfermos…. y muchas se beneficiaron con el trabajo de costureras para la empresa Portería encargada de confeccionar los uniformes para el ejército gubernamental"

VIII.   DESCENDIENTES DE LOS CIBILS CALVET

FOTOS DE MANUEL E. CIBILS CALVET Y DE SUS HIJOS

Foto familiar, alrededor de 1918-20 de Manuel Edelmiro y flia. (realizamos una identificación de las personas guiados por rostros de otras fotografías familiares y de recuerdos).

Quedaba una copia de esta foto familiar en poder de mi padre y otra en poder de nuestros parientes del Paraguay.

No hay coincidencia entre quienes son todos los que posan en esta foto, pero pudimos identificar con certeza a:

Manuel Edelmiro Cibils y Joaquina Silveira Márquez al centro, sentados. Entre medio de los dos, la pareja de pie, son Washington Cibils Silveira y Blanca Muape Bálsamo, (mis abuelos). Atrás de ésta (la Sra. de negro parada es Isabel Bálsamo de Muape, madre de Blanca). En la extrema derecha, quizás Lavalleja Cibils Silveira. La Sra. de blanco en la fila de atrás, a la derecha, es Fernanda Toya. De pie a la izquierda de la foto, posiblemente Toribio Cibils Silveira. El niño de pie mi padre, José F. Cibils Muape. Foto alrededor de 1918-20

Manuel Edelmiro Cibils Calvet y Joaquina Silveira Marquez, vivieron en Paso de los Toros (Santa Isabel) y tuvieron 13 hijos:

-Manuel Dionisio CIBILS Silveira 1871-1912, casado con Fernanda Toya, con Melchora Rodríguez y con Polonia Mendez
-Joaquina Pilar CIBILS Silveira 1873-murió de niña
-Toribio CIBILS Silveira, 1874- - con María Victoria Lopez
-María Josefa CIBILS Silveira 1876-1914, con Albertino Silva Leite
-Juan José CIBILS Silveira 1880-murió de niño
-Cleopatra CIBILS Silveira, 1883?- soltera
-Benos Melitón CIBILS Silveira 1884-murió de niño
-Artigas CIBILS Silveira 1888-1970 con Herminia Baez
-Colon CIBILS Silveira, con C. Baez, con Ma. Banegas y M. Paiva
-Venus Margarita CIBILS Silveira con Manuel Rivero y Hornos
-Washington CIBILS Silveira 1891-1927 con Blanca Muape Bálsamo
-Lavalleja Matías CIBILS 1894 con Silveira con Cilda Colina
-Liropeya CIBILS Silveira 1896- murió de niña

El traslado de Manuel Edelmiro con sus hijos al Paraguay forma la rama paraguaya de la familia Cibils.

Hacia 1899 se trasladaron a Yuty, donde compró, en sociedad con su hijo Manuel, una estancia llamada Pyteré, y allí vivió con su familia. También tuvieron otra estancia llamada Ñupyahú. Estas estancias fueron explotadas hasta la muerte de Manuel Dionisio, el 2 de Setiembre de 1912.

Después de la muerte de Manuel Dionisio sus otros hijos siguieron con las explotaciones y que fueron formando sus propias familias.

El regreso de Manuel Edelmiro al Uruguay se produjo después de vivir unos 17 años en el Paraguay.

Manuel E. Cibils y Joaquina con sus nietos Iberia y Bolívar
Atrás, Lavalleja Cibils y Cilda Colina. Venus Margarita Cibils es
de las dos jóvenes a la derecha, sobre la escalera, la de atrás.
Detrás de Joaquina, parado, Manuel Rivero y Hornos esposo de Venus.
Paso de los Toros. Aproximadamente 1924-5

En el sitio en GENEANET de Carlos E. Biscay aparecen estos datos
de la descendencia de los hermanos Cibils Calvet, que han sido com-
plementados con otros datos aportados recientemente por el Arq.
Osvaldo Javier Acosta Queirolo.

Los resumimos aquí:

Manuel E. Cibils con sus nietos Manuela, Iberia y Bolívar en la puerta
de su casa "Villa Carola". Paso de los Toros 1924

Floro Cibils Calvet se casó con Dolores Juárez y tuvieron 16 hijos

María Tomasa CIBILS Juárez 1878-1964 casada con su primo
Luis Ignacio Cibils
José Ramón CIBILS Juárez 1879-1883
Dolores Gregoria CIBILS Juárez 1881-1948
Josefa Amelia CIBILS Juárez 1882-1970
María Clara CIBILS Juárez 1883-1885
Floro Leocadio CIBILS Juárez 1884-1949
Cesar Carlos CIBILS Juárez 1886-1920
Etelvina Melania CIBILS Juárez 1887-1972
Ramón León CIBILS Juárez 1889-1890
Artidoro Bernardino CIBILS Juárez 1891-1891
María Delia CIBILS Juárez 1893-1967
María Blanca CIBILS Juárez 1895-1980
Waldemar Clemente CIBILS Juárez 1897-1934
Adalberto Teodoro CIBILS Juárez 1899-1978
María Ida CIBILS Juárez 1902-1967
Julio José CIBILS Juárez 1904-1976

José **Ignacio** Cibils **Calvet** tuvo 10 hijos de 3 uniones.

Con Cornelia Rabelo (casados 1870)
Luis Ignacio CIBILS Rabelo 1880-1969 (herido en **"Arbolito"**)
Athaualpa Irineo CIBILS Rabelo 1883-1962 °
Delfina CIBILS Rabelo
Josefa CIBILS Rabelo 1871
Rufina Martina CIBILS Rabelo
Con Ma.Magdalena Ribeiro
Zapican Ignacio CIBILS Ribeiro 1903-1981
Blanca CIBILS Ribeiro
Josefa CIBILS Ribeiro
Julia CIBILS Ribeiro
Con Anacleta Arévalo
Ignacio Cibils Arévalo 1869

° **NOTA**:

Athaualpa Irineo CIBILS Rabelo fue fundador de la rama Cibils de RGS, Brasil. Se establecieron en Camaqua y Arambaré sobre la Laguna de los Patos. Entre otras ocupaciones fue médico idóneo.
Su hijo Dr. Luis Alberto Cibils Diez, miembro del Instituto Histórico de Río Grande do Sul publicó un breve libro sobre J. Cibils Puig.

Cita del libro: "Como hijo de estancieros, se dedicó al ruralismo en municipios de Camaqua y Tapes. Especialmente ganado y arroz. Poseedor de embarcadero y dos barcos propios trasladaba su producción por la laguna dos Patos, antes que se construyeran carreteras federales.
El municipio de Tapes en su honor denominó **Cibislandia** a la ciudad antes llamada Caramurú."

Athaualpa Irineo Cibils Rabelo
Cabeza de la rama Cibils de Rio Grande do Sul, Brasil

Cita biográfica y fotos tomadas de Scrib.

Instalações Industriais da Cibils S.A. no Balneário de Arambaré.

"El Dr. Cibils, como médico y ciudadano, trabajó sin descanso, en condiciones difíciles y sin recursos, en lo que era realmente intrépido. Sin titubear, sobre el lomo del caballo o en un carro, llegó, día y noche, a los lugares más inhóspitos, en visitas donde se prodigaba, sin preocuparse por la fatiga y el peligro, donde la vida y la muerte oscilaban como un péndulo. marcado por el destino. Fue un ejemplo. Se unió modestamente al medio ambiente y supo dar, con una actitud serena, todo su esfuerzo y dedicación al sacerdocio de la medicina. Escribió, en tiempos tan difíciles, una página ejemplar por su valor humano, su valor civil y su valor moral. El Dr. Cibils, como se decía, llegó a Camaqua en 1908 y, ya en 1909, con los ahorros que había traído, además de otros que había ganado con su trabajo ininterrumpido y dedicado, adquirió, el 13 de octubre, su primer recurso, conocido como Fazenda Velha, formada por partes de las sesmarias de Nossa Senhora dos Prazeres y Capão do Meio, en el municipio de Tapes. La vocación por la vida rural, heredada de su padre, Ignacio Cibils, pronto lo llevó a expandirse a nuevas adquisiciones en los municipios de Camaqua y Tapes, donde inicialmente desarrolló la ganadería y la agricultura europeas. Concomitantemente, comenzó a perder interés en la medicina, abandonándola, definitivamente, cuando el Gobierno Federal decidió regular su ejercicio. Después de convertirse en el mayor terrateniente rural en Camaqua y el segundo en Cintas y obtener grandes producciones de arroz anualmente, trató de industrializar y exportar esta producción, cuando transfirió su residencia a la localidad de Caramuru, ahora llamada **Cibislândia**, en la margen izquierda del bar Arroyo Velhaco"

Adolfo Cibils Calvet, fruto de dos matrimonios tuvo 7 hijos

> Carmela CIBILS Duarte 1861-
> Juan CIBILS Duarte 1862-
> Pedro CIBILS Duarte 1865-
> José CIBILS Duarte 1866-1919
> Silvia Carmen CIBILS Duarte 1868-
> Adolfo Manuel CIBILS Duarte 1871-
> Juana CIBILS Velázquez 1864-

Josefa Clara Cibils Calvet se casó con Patricio Palacios
y tuvieron 2 hijos

> Consuelo PALACIOS Cibils 1862-
> Rodolfo PALACIOS Cibils

Jaime José Cibils Calvet   Se casó con Margarita Quiles

    Margarita CIBILS Quiles
    María CIBILS Quiles
    Adolfo Manuel CIBILS Quiles

           Se casó con María Jesús Piedrabuena

    Eugenio CIBILS Piedrabuena con Leoncia López

        **Teodoro Orestes CIBILS López 1875 a 1897
        (Murió en "Arbolito")**
        Dolores M. CIBILS López 1885
        Bifredo CIBILS López 1883

           con Cipriana Duarte
        Guzman CIBILS Duarte 1895

Clara Cibils Calvet, no tuvo descendencia

Fotografías de los hermanos CIBILS SILVEIRA

Manuel Dionisio Cibils   Artigas Cibils y sus hijos

Washington Cibils   Toribio Cibils

Colon Cibils   Lavalleja Cibils

María Josefa Cibils y su hija Violeta V. Silva Cibils

Algunos nombres de pila, a partir de los Cibils Calvet

Los inmigrantes vinieron con sus nombres de pila catalanes; Jaume, Joseph, Ignacio, Joan, Agustí, etc.

En la primera generación en tierras americanas los nombres de pila catalanes se españolizaron para sus hijos o tomaron otros nombres usuales del lugar como Dolores, César, Ramón, Artidoro, Etelvina, José Ignacio, Floro, etc.

Es interesante observar la selección de nombres de pila para la siguiente generación. Pienso que al sentirse consustanciados con la nación y sus problemas se decidió bautizar a alguno de sus hijos con nombres de pila de la patria americana, ya fueran estos de héroes o de caudillos y también nombres de origen indígena.

Quizás los Cibils Calvet fueron los que más marcaron esta impronta. Así Manuel Edelmiro puso a alguno de sus hijos nombres de héroes nacionales y americanos. A otros, nombres de la mitología o de los descubridores.

Entre los hijos de Manuel Edelmiro figuraron, **Washington, Lavalleja, Artigas, Colón, Venus, Cleopatra**, al lado de otros más frecuentes como **María Josefa, Toribio, José, Manuel, Luis, Ignacio**.

Su hermano Lavalleja sumó otros nombres como **Bolívar e Iberia**.

Y su otro hermano José Ignacio, añadió nombres de pila indígenas como **Atahualpa y Zapicán**.

Posteriormente algún nieto se llamó **Indio Charrúa** y algún descendiente de los familiares emigrados al Brasil también colocó a su hijo un nombre indígena local: **Tibirica**.

Amén de alguna broma que tuvieron que soportar nuestros familiares de niños por la elección de estos nombres de pila por sus padres, ello dio pie a alguna anécdota divertida.

Así Gianella, nieta de Lavalleja Cibils Calvet, cuenta que su hijo de tanto escuchar hablar del abuelo Lavalleja en su casa, un día en la escuela interrumpió a la maestra para aclarar que …**el Lavalleja de los "33 Orientales"** de quien tanto estaban hablando…era su abuelo.

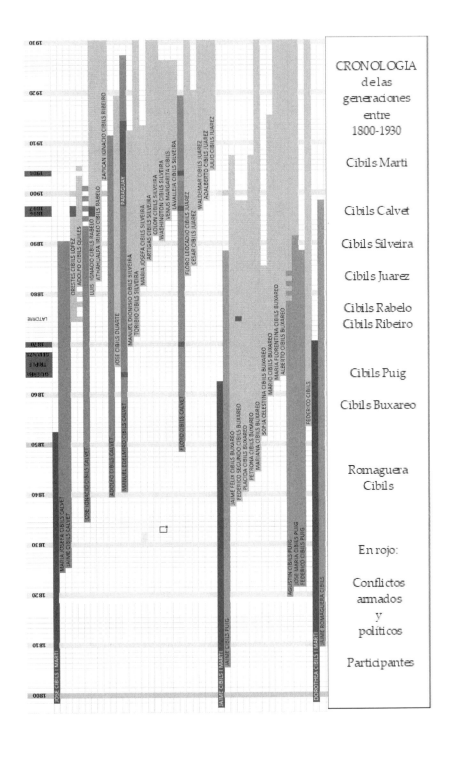

CRONOLOGIA
de las
generaciones
entre
1800-1930

Cibils Marti

Cibils Calvet

Cibils Silveira

Cibils Juarez

Cibils Rabelo
Cibils Ribeiro

Cibils Puig

Cibils Buxareo

Romaguera
Cibils

En rojo:

Conflictos
armados
y
políticos

Participantes

IX. RECUERDO DE DON FELIX BUXAREO

El lapso de 70 años de la vida de este catalán nacido en Canet del Mar, que van de 1786 a 1856, llevó a un polizón analfabeto que se escabulló en un puerto español hacia América hasta su muerte, siendo un riquísimo hombre de negocios del Montevideo de su época.

Si lo incorporamos en esta saga ha sido por el fuerte lazo familiar con la rama de los Cibils Puig así como a su singular biografía y porque sus negocios fueron un escalón económico importante (aunque no determinante) de la brillante trayectoria comercial de su yerno Jaime Cibils i Puig.

Cuenta Rómulo Rossi (1922) en "Recuerdos de Antaño" que en la época de la colonia (hacia 1805) el rey tenía prohibido los viajes a América.

Félix, un muchacho pobre con ganas de hacer fortuna se cuela como polizón en un barco con la complicidad de los marineros. Les cayó simpática su respuesta cuando le preguntaban;

"Pero, qué vas a hacer a América, chico ?".
Y el joven Felix, respondía; "Voy a hacer fortuna".

Desembarcado de contrabando en Montevideo, empezó a trabajar de mayordomo en el saladero del "gallego Pereira".

Aprendió el oficio de saladerista y se instaló independiente con un almacén de ramos generales en una zona descampada (hoy, 18 de Julio y Eduardo Acevedo).

Se casó con una hija de gallegos, Petrona Reboledo y recibió de ella una chacra en "la zona de Los Pocitos" donde Buxareo instaló su saladero.

Construyó un muelle y dos barcos, siendo un activo exportador de tasajo a Brasil y La Habana.

Una fracción de su antigua chacra fue hasta hace poco el zoológico de Villa Dolores.

Se dice que F. Buxareo era muy amigo de los niños y cada vez que podía les contaba muy lleno de orgullo; *"yo vine de contrabando".*

Casa de
Felix Buxareo
y posteriormente
de Jaime Cibils
Puig

Calle Ituzaingó
N° 1518 (Solar
de Burgues)

Ciudad Vieja
Montevideo
Original de 1831
Patrimonio
Histórico

Iniciales de
F.Buxareo
en la reja
del balcón

X.   JAIME CIBILS I PUIG

Jaime Cibils i Puig fue sin duda uno de los personajes más destacados del Uruguay del siglo XIX.

Jaime Cibils i Puig (cuadro de joven)

Su venida a Montevideo fue relatada anteriormente y se debe recordar que fue piloto al igual que su tío José y varios miembros más de
su familia y que estudió comercio y contabilidad en Marsella.

Su traslado al Río de la Plata fue impulsado por su vínculo con su tío
José, pero fundamentalmente por una posición ya convenida para el
saladero de otro catalán famoso en Montevideo, don Felix Buxareo.

Azares del destino, compartió su viaje de tres meses al Río de la Plata
con un personaje que sería gravitante en la historia política del Uru-

guay de la época, Don Lorenzo Batlle, familia de catalanes originarios de Sitges, e iniciador de una saga de presidentes.

En Montevideo dos calles homenajean su trayectoria.

La ya mencionada en el barrio de La Blanqueada, que va desde el Hospital de Clínicas, pasando por el Parque Central del Club Nacional de Fútbol. El predio del Hospital de Clínicas fue antiguamente parte de la quinta de Jaime Cibils.

El otro es el Camino Cibils en el cerro de Montevideo, antes denominado "Camino de las tropas", en alusión al camino de las reses a saladeros y a frigoríficos.

En la calle que lleva su nombre una placa de bronce lo recuerda:

"Jaime Cibils i Puig (1806-1888). En los albores de nuestra nacionalidad llegó de España con un tesoro de iniciativas y de energía y durante 60 años contribuyó en primera línea para el progreso de la nueva república en materia de navegación, de comercio, de banquero, de industrias de tierra y mar, de beneficencia y de arte. Fue un ejemplo de humanitarismo, gestor de cultura social y de concordia política".

Fue Jaime Cibils un personaje de un tesón y capacidad por fuera de lo habitual y cuyas facetas personales y familiares están extensamente reseñadas en el libro de Mariani, (2004).

En este capítulo no cansaremos al lector con transcribir la detallada información sobre aspectos económicos de la trayectoria de J. Cibils Puig, que pueden ser mejor consultados en los libros de A. Mariani.

Aportaremos nuevas informaciones y documentos gráficos que hemos recolectado de viajes y lecturas, más allá de las mencionadas por Mariani que nos servirán de bisagra para articular el relato.

Presidente del Directorio del Banco Comercial
Tomado del Libro del Centenario del Banco Comercial

Un breve resumen de su vida bien puede ser el que sigue, que escribió
FERNANDEZ SALDAÑA J. en el Diccionario Uruguayo de Biografías

CIBILS, JAIME

Hombre de negocios, cuya acción progresista y emprendedora estuvo siempre a servicio del país, al cual vino joven, para arraigar con extensa raíz y vivir toda su vida.

Nativo de San Feliú de Gixols, Cataluña, donde vió la primera luz, pasó a Marsella, donde concluyó de educarse, y luego embarcó para la República en 1831, a bordo del mismo velero en que regresaba a su patria Lorenzo Batlle, futuro personaje político, con el cual siempre mantuvo la cordial amistad principiada en la travesía oceánica.

Venía recomendado a la casa de Félix Buxareo, a cuyo amparo se formó con éxito en actividades de comercio, casándose luego con una hija de su principal, uno de los hombres más ricos de la época.

Activo, inteligente, con una tenacidad de hierro, se destacó como fuerte armador, dueño de dos o tres fragatas y otros buques menores que enarbolaban bandera nacional, con los cuales hacía comercio directo con Europa, Cuba y el Brasil, intercambiando los productos del sala-

Fundador y principal accionista del Banco Comercial, en 1857, presidió varias veces su Directorio.

Junto con Juan D. Jackson, su yerno, emprendió la obra de construcción de un gran dique seco abierto en piedra viva junto al saladero del Cerro. Establecimiento a la altura de los europeos el dique Cibils-Jackson, que entró a servicio en octubre de 1879, fué por largos años el más grande y acreditado de Sud América, y en 1911, adquirido por el Estado, pasó a llamarse Arsenal de Marina y Dique Nacional.

Deseoso de contribuir a los adelantos de la capital, encargó al ingeniero Capurro la construcción del teatro que se denominaría "Cibils", hermoso coliseo que abrió sus puertas el 9 de abril de 1871. Edificado en la calle Ituzaingó, frente a la casa-habitación de su dueño, se invirtieron en la construcción del teatro arriba de sesenta mil pesos oro y las llamas lo devoraron la noche del 1º de julio de 1911, en horas en que ya había concluído la representación.

Jaime Cibils, cuya exterioridad física escueta, con ojos claros transparentes y mentón imperativo, le prestaba cierto aire de capitán de alto bordo, falleció en Montevideo el 8 de setiembre de 1888, luego de una existencia plena de alternativas.

CUATRO HERMANOS CIBILS PUIG
PARA CUATRO HERMANAS BUXAREO

Los cuatro hermanos Cibils Puig que llegaron a Montevideo se casaron con cuatro de las hijas de don Félix Buxareo y de Petrona Reboledo, lo que habla de los sólidos lazos locales, endogámicos, de la inmigración catalana.

Jaime, contrajo matrimonio con Plácida, el 23 de diciembre de 1836;
Agustín con Felicia el 27 de abril de 1837
José María, con Carmen el 24 de diciembre de 1846
Federico con Margarita se casaron el 26 de agosto de 1848 y dejaron una prolífica descendencia en Buenos Aires

Jaime y Plácida Buxareo tuvieron 13 hijos
  Jaime Félix Pedro CIBILS 1838-1907
  Federico Agustín Segundo CIBILS 1839-1899
  Placida Francisca Nieves CIBILS 1841-1899
  Petrona CIBILS 1843-1907
  Mariana CIBILS 1846-1937
  Elvira Jacoba Luz CIBILS 1848-1900
  Clara Luz CIBILS 1850-1916
  Sofia Celestina CIBILS 1852-1885
  Ricardo CIBILS 1857-1895
  Mario CIBILS 1860-1916
  María Florentina CIBILS 1863-1959
  Alberto Carlos CIBILS 1864-1944
  Felix Julio CIBILS
En el libro de R. Goldaracena se describe la descendencia de los 13 hijos de Jaime.

Federico y Margarita Buxareo formaron la denominada rama menor de los Cibils Buxareo en Buenos Aires. Fueron padres de:

  Margarita Petrona Pascasia CIBILS 1850-1917
  Federico Rodrigo Isidro CIBILS 1854-1913

Enrique Gustavo Eusebio CIBILS 1855-
Hernan Gonzalo Claudio CIBILS 1866-

Agustín y Felicia Buxareo fueron padres de:
Felicia Petrona Vicenta CIBILS 1838-
Beatriz Placida Eufemia CIBILS 1840-
Carmen Felicia Francisca CIBILS 1845-
Maria Beatriz CIBILS
Agustín CIBILS

José María y Carmen Buxareo, no tuvieron hijos

En el año 2000 tuvimos oportunidad de visitar una exposición en el Museo Marítimo de Barcelona, **"Cataluña y ultramar"** donde se exponían varios paneles de las familias pioneras en la globalización del comercio catalán. Después de señalar que el vínculo con Montevideo se había iniciado con José Cibils i Marti alrededor de 1824, pasaba a describir lo que describió como la red comercial más exitosa desarrollada por catalanes en ultramar: **la "Xarxa dels Cibils"**. Una red comercial entre Cataluña y varios países de América (Cuba, Rio, Montevideo, Bs.As., Valparaíso, etc.) y cuyo "capo di capi" era Jaime Cibils Puig.

En su trayectoria vital Jaime Cibils Puig cubrió con brillo facetas industriales de las más variadas a las que sumó facetas filantrópicas y culturales. También apoyó osados emprendimientos comerciales, casi aventuras, como la que realizó su hijo Jaime Felix en el Mato Grosso.

Fue un hábil amortiguador entre los intereses de las fracciones políticas de su época, siempre en conflicto durante ese siglo.
Fue defensor de poderosos grupos económicos de los que fue también: impulsor, gestor y parte. Mantuvo lazos personales y comerciales con las dos facciones más grandes en pugna del país,

blancos y colorados y mantuvo siempre su condición de "empresario y banquero catalán".

Repasando su trayectoria vital observamos que después de su llegada a Montevideo emprende con tesón su actividad comercial dentro de la empresa de Buxareo, quien poco después sería su suegro.

Continúa codo a codo con su suegro, hasta la muerte de este en 1856. Esa convivencia fue cotidiana y sin fisuras tanto en lo comercial como en lo social.
Varias memorias de la época dan testimonio de esa estrecha relación personal con su suegro.

En el libro "Recuerdos de mi tiempo" de A. Pereira, el autor relata que: *"don Jaime Cibils y don Félix Buxareo frecuentaban asiduamente su casa y visitaban a su padre."*

Y también consigna que una vez volviendo de BsAs *"los hermanos y amigos íntimos de su padre como don Félix Buxareo y don Jaime Cibils los esperaban ansiosos para estrecharnos entre brazos"*

Cita de Mariani (2004):

"La capacidad de Jaime Cibils para desempeñar diversas tareas unidas a sus ansias de triunfo se concretan cuando fallece Félix Buxareo en 1856, a partir de entonces este hombre de acción, liberado de ataduras económicas y de agradecimiento es considerado por la familia como jefe indiscutible. Entonces se propone acumular una importante fortuna para los más diversos y temerarios negocios en una región poco poblada, de política incierta y cambiante, carente de riquezas mineras, con industrias primitivas y dependiente de los azares de la hegemonía comercial y financiera de los mercados exteriores."

Fotografía de Jaime Cibils Puig, su esposa y hermanos

".….. posee una fuerte personalidad, entereza de carácter, constancia para el trabajo y osadía en las transacciones mercantiles, unido a sus conocimientos de navegación, de cálculo y manejo de libros, que pone en evidencia durante la Guerra Grande, cuando representa ante el gobierno del Cerrito los negocios de su suegro, retornando a Montevideo y con sangre fría enfrenta imperturbable los problemas y las relaciones mercantiles con el gobierno colorado de la Defensa."

De los **Anales Históricos del Uruguay** de Eduardo Acevedo (1934) extractamos el relato de episodios relativos a la frecuente interrelación de Jaime Cibils y su hijo Federico con Lorenzo Latorre, quien fue primero dictador y luego fue presidente constitucional electo.

Dos citas dan cuenta de esto:

Una es referida a negociaciones posteriores al fracaso de los comicios de 1877

El nuevo fracaso de los comicios era la oportunidad que esperaban los partidarios de la prórroga de la dictadura para exteriorizar el resultado de su labor, consistente en una representación del electorado de Montevideo, que se componía de 5,239 inscriptos y de los vecindarios de campaña movidos por los jefes políticos y por los grupos de ciudadanos que los secundaban. Esa representación fué entregada al dictador por una comisión compuesta de don Tomás Gomensoro, don Juan D. Jackson, don Federico Cibils, don Mateo Magariños Cervantes, don Agustín Castro, don Felipe Fraga y don Hermenegildo Fuentes.

El coronel Latorre reunió entonces en su domicilio a una treintena de ciudadanos con el propósito de cambiar ideas acerca de la respuesta que debía dar. Entre los asistentes figuraban don Juan D. Jackson, don Juan Miguel Martínez, don Mauricio Llamas, don Aurelio Berro, don Luis Eduardo Pérez, don Juan José de Herrera, don José Vázquez Sagastume, don Lorenzo Batlle, don Pedro Piñeyrúa, don Manuel Herrera y Obes, don Federico Cibils, don Hipólito Gallinal, don Eduardo Mac-Eachen, don Pedro Visca, don Carlos Reyles, don Laudelino Vázquez, don Eduardo Brito del Pino y don Francisco Lecocq.

Los puntos sometidos por el dictador eran estos:

La otra cita es cuando la mayoría de las instituciones comerciales montevideanas y también el Rectorado de la Universidad congratulan la asunción constitucional de Latorre:

Demostraciones que se hacen al dictador en esa oportunidad.

Una comisión de comerciantes entregó al dictador, al tiempo de resignar el mando en el presidente del Senado, un álbum con la siguiente dedicatoria: «En un cortísimo período ha levantado usted la situación financiera del país de la absoluta postración en que se hallaba; ha establecido en nuestros campos casi desiertos el respeto práctico de la propiedad y de la vida; y en medio de la exigencia de una época anormal ha dado usted un impulso extraordinario a la instrucción gratuita.»

Las dos primeras firmas eran las de don Juan Miguel Martínez y don Jaime Cibils.

Entre las corporaciones que fueron a saludar al dictador para felicitarle por su obra administrativa figuraba el Consejo Universitario, presidido a la sazón por el rector don Alejandro Magariños Cervantes.

Diez meses después de asumir como presidente constitucional Latorre renunciaba a su cargo.

Es legendaria su frase; *"al retirarme a la vida privada llevo el desaliento hasta el punto de creer que nuestro país es un país ingobernable"*

Otras actividades de J. Cibils son menos conocidas.

Encontramos una cita de una actividad suya excepcional como fue la de representante diplomático.

Funciones como representante del Gobierno de Chile. Fue durante el Gobierno de Flores, en circunstancias de la Guerra del Pacífico, (cita de E. Acevedo (1934)

"El consulado de Chile en Montevideo estaba a cargo de don Jaime Cibils, uno de los españoles de mayor significación en el comercio del Rio de la Plata".

quátur se consideraría satisfecho.

Ya antes de este incidente había promovido otro el Ministro Lastarria, que esquivó nuestra Cancillería en holocausto a la situación en que se encontraba la República del Pacífico. El Consulado de Chile en Montevideo estaba a cargo de don Jaime Cibils, uno de los españoles de mayor significación en el comercio del Río de la Plata, y el señor Lastarria resolvió sustituirlo por el doctor Vicente Fidel López. Nuestro Gobierno expresó el deseo

"Xarxa dels Cibils" (La red de los Cibils)
Panel de la Exposición (1996) "Cataluña y Ultramar"

FAMILIES PIONERES. ELS CIBILS DE SANT FELIU DE GUIXOLS LIDERAVEN UNA MOLT PODEROSA ALIANCA COMERCIAL, NAVIERA I MATRIMONIAL, QUE UNIA FAMILIES EMIGRADES A LES PRINCIPALS CIUTATS AMERICANES.

(Familias pioneras. Los Cibils de Sant Feliú de Guixols lideraban una alianza muy poderosa comercial, naviera y matrimonial, que unía familias emigradas a las principales ciudades americanas)

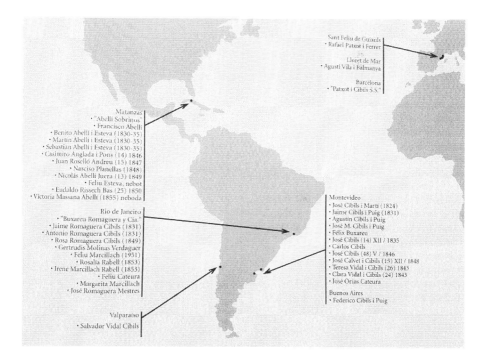

Panel que muestra la red de contactos que enlazaban Montevideo, Buenos Aires, Valparaíso, Rio de Janeiro, Matanzas, Barcelona, Lloret del Mar y Sant Feliú de Guixols.

1. ARMADOR. Los capitanes y sus barcos.

La firma J. Cibils fue dueña de 1850 al 60 de la barca **"Restauración"**. También del bergantín **"Plácida"** que en 1872 en un viaje a Cuba naufragó y no se supo más de ella.
Su barco más importante fue la fragata **"Jaime Cibils"**.

Antes de poseer barcos propios también utilizaron los barcos propiedad de capitanes y pilotos catalanes. También fueron parte de la "madera" (sociedad) de otros barcos.

Informaciones extractadas del libro "Navegantes y Mercaderes" (1989).

Es este un cálido libro escrito por el capitán **Agustín Vila i Galí** en la costa catalana de Lloret del Mar.
Trata la genealogía de una familia de navegantes; pilotos de barcos del siglo XIX y de sus memorias viajando entre los puertos de Barcelona y de América.
El padre del autor del libro fue el **capitán Agustín Vilá i Conill.**
De toda esta saga marinera catalana fue Vilá i Conill quien más trabajó con F. Buxareo y J. Cibils en sus emprendimientos y sus memorias nos aportaron una valiosa información. Fue además administrador de la Hacienda Descalvados en Mato Grosso y posteriormente del Dique Cibils y Jackson.

Relata así algunas de sus vivencias y su vínculo con Buxareo y Cibils: (traducción del autor)

*"Aquella relación, que se había iniciado con Felix Buxareo ya antes de la primera visita de la polacra **Lidia**, en1842, se va incrementando a lo largo de los años hasta conformar unas estrechas relaciones mercantiles y una verdadera amistad y estima casi familiar. Todas las expediciones de las naves de la familia Vilà despachadas para Montevideo van consignadas a Jaume Cibils y la comunicación epistolar entre nuestros capitanes y los hermanos Cibils, Santiago y Agustín, es constante.*

Félix Buxareo y los hermanos Cibils participaron generosamente en la construcción de la corbeta **Nueva Lidia** *así como en las expediciones de las naves de los Vilà.*

No podría ser, pues, de otra manera que, llegado el momento en que el capitán Agustín Vilà y Conill deba ceder el mando del **Galileo** *a su hermano, la casa Cibils le ofrezca el mando de la nave más importante de su flota, la* **fragata Jaime Cibils**. *Al igual que, al cabo de unos años, cuando Vilà y Conill pase a dirigir dos de los negocios más importantes de los Cibils, la fábrica de Descalvados y el Dique Cibils & Jackson.*

(Corbeta Nueva Lidia, tomada de Vilá i Galí)

La fragata Jaime Cibils, barco de construcción inglesa que, antes de ser adquirido por los Cibils, llevaba el nombre de Kingfischer (Martín pescador), era un velero de 800 toneladas, muy esbelto y marinero que, aunque no arbolarse todavía las seis vergas por palo , con las cinco que llevaba en cada uno de sus tres árboles, además de las seis velas de estados, los cuatro copos y la cangreja de mesana, desplegaba una buena superficie de paño, con unas excelentes condiciones"

"La "Jaime Cibils" no era solamente una nave hecha para el comercio del tasajo, sino un barco apropiado para viajes más largos y cargas más importantes que la Corbeta "Nueva Lidia"
Debemos tener en cuenta que el transporte de carne y tasajo, desde los puertos del estuario del Plata a las Antillas requería de embarcaciones más pequeñas para facilitar la rápida carga y descarga y la venta de unas partidas no excesivamente importantes, principalmente por razón del tipo de mercancía que era el tasajo."

Relatos del Capitán: Algunos pasajes del libro del capitán Vilá i Conill muestran una vívida pintura de época del Montevideo de entonces, también de los riesgos de la navegación a vela en el peligroso Rio de la Plata y hasta de las preocupaciones íntimas de los navegantes.

Traducimos libremente del original catalán el texto que sigue:

Fragata "Jaime Cibils" (tomado de Vilá i Gali)

*"La **Lidia** acerca a Montevideo. Durante las últimas noches han sido frecuentes los chillidos de los lobos de mar saltando fuera del agua alrededor de la nave. Al comienzo de la singladura 66, ya sólo se sondean 16 brazos, con fondos de barro pedregoso. Al amanecer en esta singladura, el gaviero desde la cruceta del trinquete ha avistado la tierra de América. «Tierra! Tierra por la amura de estribor! ». La tierra que ve el gaviero no es otra que la isla*

de Lobos. Con todo el aparato desplegado, volantes y todo, navegan en demanda de la isla de las Flores, que se empiezan a ver cuando se hace de día, ya en la singladura 67. Al sol poniente de la singladura 68, se sitúan las farolas de la isla Flores y la del Banco del Inglés y poco después, la del Cerro de Montevideo.

Muy pronto pueden ver en la lejanía las luces de la ciudad y cerca de la medianoche, después de 68 días de navegación, fondeamos sin novedad con 6 brazos de sonda, fondo fangoso, a la espera del nuevo día, y gracias a Dios sin novedad.

En el puerto de Montevideo hay otros barcos de Lloret. Está el "El Masnou", de Blanes y hay de otros lugares de nuestra costa.

Todos sus tripulantes esperan las nuevas que llevan los que acaban de llegar. Nuestros hombres son esta vez los portadores de los mensajes y deberán contentarse haciendo de transmisores de alegrías y de penas. Algún hijo nacido durante sus ausencias, tal vez la desaparición de alguno de los seres queridos. Aparte de la pena que esto les causará, les afectará mucho más la desdicha de no haberles podido acompañar en el último momento...

El primer domingo en Montevideo y toda la tripulación, franca de servicio, salta en tierra. Los que por primera vez visitan la ciudad quedan maravillados de sus calles tan derechas, como si fueran trazadas a cordel. La situación de la ciudad permite que las calles tengan un poco de pendiente, pero lo que causa más impresión es ver que Montevideo es una de las ciudades más limpias del mundo.

El asombro que causa al visitante, la primera vez que arriba a la ciudad lo provoca la famosa Avenida 18 de Julio, que es para no ser olvidado nunca.

Cuando aquel 3 de noviembre de 1842 la polacra Lidia fondeaba en el puerto de Montevideo, apenas se había iniciado la construcción del emporio que llevaría el nombre de un hijo de Sant Feliu de Guixols, la gran obra de Jaume Cibils y Puig, nombre que desde el principio irá estrechamente ligado con los capitanes de la familia Vilà. "...

Referente a la construcción de navíos;

...En la relación de participantes en la madera de la Lidia, hemos encontrado el ya mencionado Félix Buxareo, con una cuota de 1/12 del valor de la nave. Será de aquí adelante que todas las expediciones de los barcos de la familia que toquen a Montevideo irán consignados a los Buxareo o a los Cibils, estrechando cada día más las relaciones comerciales, amistosas y familiares entre los Cibils y los Vilà. En el libro de cuentas de este primer viaje de la Lidia, del capitán Vilà hay consigna ya de fletes a cargo de Jaume Cibils por un cargamento de tasajo de Montevideo en la isla de Cuba.

Otros relatos, son relativos a las visitas de alguno de los armadores y también de invitados al barco;
"… los invitados debían ser los participantes en la propiedad del barco y los consignatarios de Montevideo.
Así, pues, los Señores Félix Buxareo y Jaume Cibils y su esposa Plácida debieron honrar a la tripulación con la visita del barco, aceptando la invitación del capitán de mar a bordo.
El barco, en situación de perfecta revista, habría vivido las últimas horas entre preparativos para recibir una visita tan importante.
… ¡Todo en orden y la empavesada izada! … hacia las once y media de aquel primer domingo de estancia del barco en Montevideo"

En otros pasajes del libro se muestra, cálida y elocuentemente y llena de detalles ornamentales y hasta culinarios, la vida del capitán y la tripulación y las buenas relaciones con la familia Cibils y F. Buxareo.
Siguen detalles del barco y de las fiestas de bienvenida.
Y también de cómo J.Cibils mostraba sus logros comerciales a sus pares y a las autoridades de Montevideo.

Continúa el relato del Cap. Vilá i Conill:
"Fue precisamente durante la estancia de la fragata a Montevideo tras el viaje que había iniciado en diciembre de 1875 en Liverpool, que se dio una de esas circunstancias.
Don Jaime Cibils había invitado a las autoridades de Montevideo a visitar la nave para obsequiarle con un banquete a bordo.
El hecho tenía lugar la víspera de San José de 1876.
Los días antes de la visita anunciada, como era costumbre en casos similares -lo hemos visto entonces del primer viaje de la polacra Lidia en Montevideo, a bordo todo era desazón para poner la nave en perfecto estado de revista, cada cosa en su lugar: los metales, bien pulidos reflejaban los rayos solares

de los últimos días del verano; todo el maderamen era barnizado o pintado de nuevo, la maniobra bien ordenada, las bodegas y los pallets bien ordenados.

Realmente todo tenía el aspecto de una nave acabada de salir de eslepa.

En el momento que los señores Cibils e invitados pisan la cubierta de la fragata, es izada a pomo del trinquete el distintivo de la casa Cibils, mientras desde el barco se otea como el personal de tierra iza en el dique Cibils, entonces en construcción, la bandera que se ha escogido para dicho digo, bandera cuadrada formada por las cuatro barras rojas de la bandera catalana y cuatro de azules de la Republicana Oriental del Uruguay, junto con la bandera distintiva de la casa, ...

Así pensamos que hubiese lucido la bandera que hace referencia el texto y que fue izada en el dique Cibils & Jackson como expresión de la unión catalano-oriental

...la comitiva, conducida por Jaime Cibils y el capitán Vilà, hace un recorrido detenido por toda la cubierta de la nave escuchando las explicaciones que les da el capitán Vilà y Conill.

Después, los señores Cibils, las autoridades de Montevideo, el capitán y la oficialidad de la nave van tomando posiciones alrededor de la mesa que se ha preparado en cubierta, todo de acuerdo con la distribución que con gran escrupulosidad ha preparado siguiendo las instrucciones del señor Cibils.

El maestro cocinero, José Gali, ha preparado la minuta, que consiste en un caldo para empezar, seguido de un exquisito guiso de peixopalo, (Bacalado) con el que se puede decir que los comensales se lamieron los dedos, y para terminar unos pollos rellenos a la catalana, en los que no podían faltar las ciruelas y los piñones. Toda la comida fue acompañada con un vino del campo de Tarragona que el capitán Vilà y Conill reservaba para ocasiones como ésta.

Para postre, Galí también quiso ofrecer a invitados una especialidad de nuestra tierra, la crema quemada. Por cierre del suculento banquete, no podía faltar una buena taza de café, o unos cigarros habanos, invitación del capitán Vilà, y una copita de licor o de aguardiente; y para las señoras, unos delicados pastelitos y una copita de vino rancio."
......

Durante la sobremesa todo fueron comentarios sobre la marcha de los diferentes negocios de la sociedad, de las obras del dique que hacía poco que se había empezado a construir. Las señoras estaban más interesadas en la temporada teatral del Teatro Cibils, que ya hacía cinco años que se había acabado de edificar. Tampoco faltaron comentarios referentes a los grandes proyectos del hijo mayor de Jaime Cibils y Puig y Plácida Buxareo y Reboledo, don Jaume Cibils y Buxareo, referentes a la posible adquisición de una gran «fazenda» en pleno Mato Grosso brasileño. Todo el mundo añade los naturales comentarios sobre las travesías de la fragata bajo el mando del capitán Vilà...

Y también se abordaron temas de trabajo:

... También es motivo de comentario la carga prevista para el próximo viaje, que provoca comentarios de todo tipo: un cargamento completo de caballos y mulas para la isla de Cuba.

...

Todavía estamos lejos de la etapa en la que el capitán Vilà y Conill se hará cargo de la dirección de la «estancia» de Descalvados en el Mato Grosso y deberán pasar varios años antes en Jaume Cibils y Buxareo sentirá la necesidad de un hombre de confianza para ponerlo al frente de sus principales negocios...

Terminada la sobremesa, bien entrada la tarde, las autoridades se retiran del barco, y también lo hacen en último lugar los anfitriones, los señores Cibils, no sin antes haberse despedido del capitán, los oficiales y la tripulación.

Hasta mediados de junio la fragata no abandona el puerto de Montevideo para poner rumbo, cargada, como se ha dicho, con una partida de equinos, en la isla de Cuba."

Dice Mariani:

"El activo mercante que desde hacía años actúa en el puerto comprende de inmediato, que no debe mantener buques sueltos, sino adicionar a sus negocios una numerosa flota naviera oceánica y fluvial para acelerar las maniobras de trasbordo y lanchaje.

Entonces Jaime Cibils en sociedad con José y Martín Pascual organizan una flota de lanchajes, "Cibils y Pascual" considerados "... rápidos en descargas y cargas."

En 1882 la sociedad se denomina "Empresa de lanchas, remolcadores, chatas, pontones, depósitos y demás útiles" y luego "Pascual, Escofet y Cía.".

2. SALADERO

Una tarjeta postal de fines del siglo XIX muestra el aspecto de un saladero cerca del Cerro de Montevideo.
Los tendales de la carne, ya salada, secándose al sol.
La montaña de cueros.

Según Mariani: *"En 1860 aparece en "La Nación" el anuncio de remate del saladero de la sociedad brasilera Germán da Costa Hnos. que se había fundado en 1836, en el Cerro, en Punta Lobos, dentro de la bahía de Montevideo y que ha sido devastado por un incendio... Se considera el "... más valioso que hasta ahora se ha construido en el Río de la Plata en el que se ha invertido la suma de 200.000 pesos aproximadamente..."*
Cibils lo compra en remate público y lo escritura en 1871, valorado en 123.972 pesos.

La sucesión hereda el saladero con una superficie de 127 cuadras 9.718 varas cuadradas, lindando al sur y al sudeste con el Río de la Plata, por el oeste con el arroyo del Cerro y por el norte con el camino vecinal.
En el momento se considera de igual importancia al de Samuel Lafone. Abastece sus saladeros con los animales de sus estancias Manantiales, en el departamento de Colonia y otra en el arroyo de la Virgen, departamento de Florida.

En 1884 en Montevideo se encuentran unos diez saladeros, en primer lugar, por la calidad de sus productos Jaime Cibils Hnos. administrado por Federico S. Cibils.

La explotación de la carne salada constituye un renglón importante en los negocios de Cibils. Por ello hacia los años 80, se interesa, junto con su hijo Jaime, en expandirse por zonas de mayor influencia y mejores beneficios para sobreponerse a los altibajos que en esos momentos siente la plaza de la carne tasajo.

Además de la explotación de los dos saladeros en el Cerro, Cibils instala en Salto, en 1875, el saladero y fábrica de carnes "La Conserva", una avanzada hacia el norte de los territorios de Brasil.

No sólo se fabrica tasajo, sino lenguas de vaca y de ovino cocidas, corned-beef, corned-mutton, boiled-beef, boiled-mutton y extractos de carne vacuna que exporta a Europa.

Sello comercial

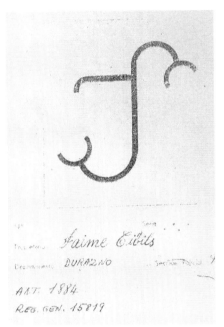

Marca del ganado de Jaime Cibils Puig
(cortesía de Norberto Cibils Dutra)

Tarjeta postal de fines de siglo XIX. "Saladeros del Uruguay"
La faena con las reses, los matarifes y sus largos cuchillos.
Los hombres que barrían la sangre del piso y hasta el trabajo infantil

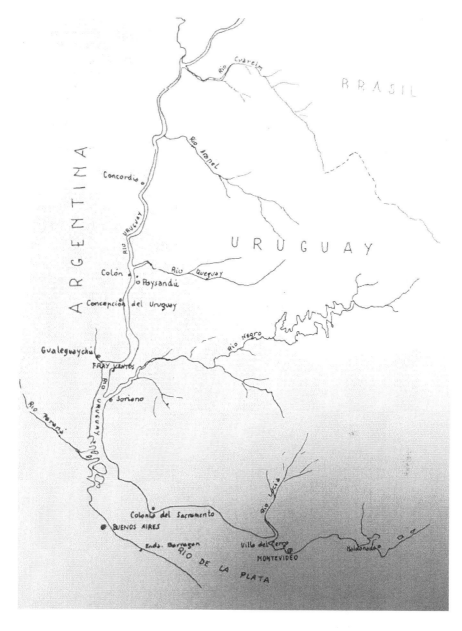

Imagen del libro de Vilá i Galí donde se muestran los principales saladeros en las costas del Rio Uruguay

Métodos de conservar carne

Otros sistemas de conservación de carnes.

Juntamente con los trabajos de propaganda a favor de la difusión del tasajo en Europa, surgieron en este período varias tentativas para arribar a otros procedimientos de conservación y exportación de carnes.

El barón de Mauá publicó avisos en la prensa europea, a principios de 1865, ofreciendo un premio al inventor del mejor procedimiento para la conservación de las carnes. Resultó vencedor el doctor Juan Morgan, de Inglaterra, y Mauá se apresuró a contratar los servicios del doctor Fleury para aplicar el nuevo procedimiento en sus estancias de Soriano y Paysandú. El invento del doctor Morgan, que llamó mucho la atención en Europa, fué patentado aquí y en Francia, Inglaterra y Estados Unidos, llegando hasta iniciarse una empresa con fuertes capitales para explotarlo en grande escala. Las primeras experiencias fueron realizadas en el matadero de Montevideo, donde el doctor Fleury extrajo la sangre de dos reses inyectando en su lugar una sustancia salina que en el acto se difundió a toda la carne.

A raíz de esas experiencias realizáronse otras en el saladero de Birabén situado en el Arroyo Seco, con resultados tan satisfactorios que también empezó a hablarse de la posibilidad de formar una empresa exportadora de carnes frescas con capital de $ 500.000. Tratábase de un líquido en el que se sumergía la carne fresca y que luego servía de caldo a la misma carne. Para la prosecución de los estudios fueron contratados los servicios del señor Bodart, químico de la Facultad de Strasburgo.

Poco después era presentada a la Academia de Ciencias de París una muestra de carne preparada por los señores Jackson, Cibils, y C.ª, que tenía una antigüedad de 18 meses. Véase cómo el doctor Vavaseur, distinguido médico que durante largos años había ejercido su profesión en el Río de la Plata, explicaba el invento ante aquella corporación, según la crónica del «Moniteur» de París:

Se sabe en qué consiste la elaboración del tasajo. Inmediatamente de sacrificado el animal en el brete del saladero, se le hace desangrar, se le saca la piel y se le corta en cuatro pedazos o cuartos. La carne es inmediatamente dividida en tajadas que se van poniendo sobre un piso de madera cubierto de sal de Cádiz. Las tajadas se colocan unas junto a otras y sobre esa nueva superficie se pone otra capa de sal y en seguida nuevas tajadas de carne y así se prosigue hasta cierta altura. Después de 20 horas se deshace la pila y con su contenido se vuelve a formar la pila en otro piso poniendo abajo la carne de arriba. Transcurridas 12 a 15 horas más, se vuelve a deshacer la pila y a rehacerla en un rincón del saladero al aire libre, cubriéndola con telas alquitranadas para resguardarla de la lluvia, del sol y del polvo. Y en ese estado queda la carne durante meses hasta el momento de su venta bajo el nombre de tasajo. El procedimiento de los señores Jackson y Cibils empieza a aplicarse recién cuando llega ese momento de la venta. La carne de las pilas definitivas es sometida a una presión considerable que disminuye su volumen y contribuye poderosamente a su conservación, y luego prensada y envuelta con una fuerte tela de enfardelar bien cosida. Para colocarla en estado de ser inmediatamente utilizada basta dejarla 12 horas en agua.

Referencia a premios por la metodología de "carne preparada"

junto de sus muestras. Otra medalla de oro obtuvo la fábrica Liebig por sus extractos y conservas de carne. También fué premiada la carne preparada por el saladero de los señores Jackson y Cibils, que se conceptuaba superior a la de Oliden. El Departamento del Salto conquistó una medalla de bronce por su colección de minerales. Y siete expositores de lana merecieron medallas de bronce.

EL EXTRACTO DE CARNE

"El extracto de carne es un caldo de carne muy concentrado, normalmente de carne vacuna. Se usa para dar sabor a carne en diversas recetas y también para elaborar consomés y sopas.

El extracto de carne fue inventado por barón alemán Justus von Liebig, un químico orgánico del siglo XIX.

J. von Liebig escribió un ensayo sobre cómo cocer la carne sin destruir su valor nutricional. Movido por el deseo de ayudar a los desnutridos en 1840 desarrolló un extracto de vaca concentrado, "extractum carnis" de Liebig, para proveer un sustituto barato y nutritivo de carne a quienes no podían adquirirla.

Por desgracia, se necesitaban 30 kg de carne para producir 1 kg de extracto, lo que lo hacía demasiado caro.

Liebig prosiguió con sus esfuerzos y cofundó la Liebig Extract of Meat Company, cuya fábrica, inaugurada en 1865 en Fray Bentos (Uruguay). Aprovechaba la carne del ganado criado por su cuero a un tercio del precio de la carne europea". (extractado de Wikipedia)

El historiador R. Boreto Ovalle, nos aporta hermosos relatos de esa época y de los productos que fabricaba el país:

"Fribentos!", exclamaban los soldados británicos en las trincheras de la Gran Guerra cuando se referían a algo que les agradaba o marchaba bien. El curioso neologismo era una deformación del uruguayísimo Fray Bentos, nombre que se leía en las latas de corned beef y en los cubos de extracto de carne que recibían como ración de combate, y gracias a los que podían contar con una calidad de alimentación que hasta fines del siglo XIX hubiera resultado impensable en grandes ejércitos movilizados.

Fray Bentos también fue el nombre oficioso de uno de los ocho tanques de un escuadrón inglés que participaron en la dura y prolongada batalla de Ypres, en territorio belga. El vehículo -sin duda bautizado de ese modo porque sus ocupantes se sentían enlatados cual corned beef- se vio envuelto en lo peor de la refriega y resistió sesenta horas de asedio atascado en un talud, hasta que los alemanes por fin lograron hacerse con la unidad ya vacía.

Hubo también un tanque Fray Bentos II, que fue capturado por el enemigo en Cambrai, y exhibido como trofeo en Berlín.

"En aquel entonces la Revolución Industrial había creado un paisaje de ciudades atestadas de gente" a las que el escaso y caro rodeo europeo no podía alimentar. Por ello, el extracto de carne desarrollado por Liebig fue providencial, ya que "permitía convertir 33 kilos de pulpa en un solo kilo de extracto gelatinoso", lo que proporcionaba una ventaja logística inédita a la hora de llevar proteína animal esa población mal nutrida.

"Desde muchos años antes se venía intentando hallar una 'magia' para traer toda esa carne que estaba en lugares distantes, a miles de kilómetros de los puertos europeos, cuando no había tecnología como para hacerlo", señala el historiador.

En ese momento entró a tallar en la historia la visión del ingeniero Georg Giebert, quien dio con el modo de trasladar el engorroso proceso de laboratorio de Liebig (obtener cuatro kilos de extracto insumía entonces dos semanas) a escala y velocidad industriales.

Así, en 1862, la Liebig Extract of Meat Company comienza a funcionar en las costas de Fray Bentos sobre el Río Uruguay, curso en cuyas orillas ya funcionaban saladeros. Luego, en la década de 1920, la firma sería adquirida

por capitales británicos y cambiaría su nombre por el de Frigorífico Anglo
del Uruguay, con el que se le conoció hasta el final de su actividad, en 1979.
Ya en el siglo XIX los productos de la compañía Liebig supieron probar su
idoncidad para el abastecimiento militar. El extracto de carne de origen
fraybentino formó parte del rancho de tropa en los últimos actos de la guerra
de Secesión de Estados Unidos, en la guerra franco-prusiana de 1870, y en
la guerra del Transvaal, a comienzos de la década de 1880."

Citamos el emprendimiento Liebig para visualizar la competencia
comercial de los Cibils.

RECONVERSION DEL NEGOCIO DE LA CARNE

CARAS Y CARETAS BS.AS. 1900 Año 3 N°67 publica un artículo
sobre la decadencia del comercio del tasajo, consecuencia del fin de
la esclavitud y amén de algunos comentarios racistas entremezcla-
dos con reflexiones económicas, abunda sobre las ventajas de la
exportación del ganado en pie por la firma **Cibils y Co.**

Dice:
"La cuestión es que la industria de la carne se metamorfosea ventajosamente.
El charque retrocede. Verdad es que también se van acabando los negros, y
que la Habana, donde se comía tanto tasajo, se ha perdido por culpa del
dinero y de las otras causas que enumera el conocido cantar, es decir, de que
los negros que quedan quieren ser blancos y los mulatos caballeros.

A cuyo efecto empiezan por no comer charque, que es comida de negro.
Además, la venta de la carne andando, vulgarmente dicha exportación de
ganado en pie, es una operación más racional, más provechosa en todo
sentido, más civilizada. La faena del saladero es primitiva y bárbara. Y
con la abolición del esclavo caducó de hecho.

Lo que hay es que es más complejo esto de vender el ganado en tal condición
que viaje y llegue a Europa cómodo y pelechado como un turista. Desde la
raza, que ha de ser noble y de peso, hasta la crianza y el engorde, que han de
hacerse como si se tratase de hijos de casa rica, hasta el embarque, en que

rigurosamente se examínala calidad, la salud y la gravedad específica de los que aspiran al honor de la mesa europea, todo exige pericia, atención constante y sobre todo, instalaciones costosas y complejas para evitar la menor contrariedad al animal viajero.

Las instantáneas que ilustran esta nota bovina y de semovientes, fueron tomadas en el embarcadero que los señores **Cibils y Co.** *poseen en el dique núm. 3, en ocasión en que el vapor Zíngara embarcaba novillos y capones para Londres."*

EXPORTACIÓN DE GANADO EN PIE

3. BANCO COMERCIAL

A. Mariani (2004) en el trabajo que ya hemos citado; *"Los extranjeros y el alto comercio. Un estudio de caso: Jaime Cibils i Puig, 1831-1888"* realiza un profundo análisis desde la historiografía económica de las facetas de creación y desenvolvimiento bancario de J. Cibils

Sobre la creación del BANCO COMERCIAL, escribe:

"En 1857 Jaime Cibils aparece como socio fundador del Banco Comercial que preside en el momento de su fallecimiento. Cibils forma parte del Directorio desde los inicios y es presidente en 1887-1888 durante el periodo especulativo que antecede a la crisis del 90.

SALON DE SESIONES DEL DIRECTORIO. EL MOBILIARIO ES DE LA EPOCA
DE LA INAUGURACION DEL EDIFICIO DE LA CASA CENTRAL (1864).

Entre los directores presidentes encontramos a Tomás Tomkinson de origen inglés, saladerista e interesado en los medios de comunicación, Juan D. Jackson, hijo del inglés Juan Jackson barraquero y fuerte estanciero, Pedro Sáenz de Zumarán español, comerciante importador, exportador e importante propietario, Augusto Hoffman alemán, comerciante, promotor y gerente de la fábrica de extracto de carne Liebig.

EMISION 1858

(Ver la firma de J. Cibils en el billete)

La institución representa fielmente las prácticas del alto comercio. Su Directorio siempre se compone de comerciantes, capitalistas urbanos, saladeristas, estancieros, barraqueros y almaceneros mayoristas, asesorados por abogados integrantes del patriciado nacional.

Sólo se hace referencia como ejemplo, al cuadro dirigente de 1886 por ser representativo del grupo. En él figuran Juan D. Jackson, Antonio N. Pereira, Eduardo Mac Eachen, Eugenio O'Neill, Enrique Young (hacendados, saladeristas y barraqueros), Jaime Cibils, Augusto Hoffmann (comerciante y banquero), Adolfo Seré, Luis Duplessis, Demetrio de la Sotilla, Andrés Folle, Juan B. Marini, Tomás Eastman, Manuel Illa, Pedro Petit, actúan como abogados José Pedro Ramírez y Eduardo Brito del Pino

El Banco tiene conexiones con firmas bancarias inglesas, la Baring Brothers, francesas como Heutch Fréres y Co., André Girot y la Banque Maritime, con la Banque Anversoise de Amberes. Quien lleva a cabo los enlaces es Augusto Hoffmann a causa de la periodicidad con que viaja a Europa.

Durante treinta años desde su creación Jaime Cibils forma parte del Banco, integra su Directorio y fallece en ejercicio de la presidencia.

La elección del nuevo presidente recae en su yerno Juan D. Jackson.
A su muerte posee doscientas doce acciones por un valor de 400 pesos cada una y al ser tasadas en el momento de liquidar sus bienes sucesorios son de quinientos pesos la unidad, importando el total 106.000 pesos."

En ocasión de celebrarse los 100 años de la fundación del Banco, se edita un volumen conmemorativo que incluye pinturas de sus principales dependencias; sala de reunión del Directorio, et.

Ilustran también algunos billetes convertibles en onzas de oro. La de la figura, es por una onza de oro y tiene la firma de Jaime Cibils.

El BANCO COMERCIAL fue junto al BANCO de la REPUBLICA los bancos más importantes del siglo XX. Luego de varias crisis se constituyó en el "Nuevo Banco Comercial" y finalmente fue absorbido por otra entidad bancaria y se perdió su nombre.

4. EL TEATRO CIBILS

El TEATRO CIBILS 1871-1912

En el libro "Montevideo y sus teatros", Pablo Montero Zorrilla (1988) señala.

"Fue construido este teatro por cuenta del acaudalado comerciante Jaime Cibils i Puig, banquero, saladerista y capitalista.
En orden cronológico, fue El Cibils, el cuarto teatro que se levantó en Montevideo, pero en el momento de su inauguración, 1871, fue el segundo en importancia después del Solís.

De don Jaime Cibils nació la idea de destinar un predio que poseía en la calle Ituzaingó entre Cerrito y Piedras, para erigir en él un hermoso teatro concebido especialmente para la lírica.

Cumplía así su deseo de dotar a la población de una nueva sala donde recrear su espíritu en los géneros que más le gustaba, que lo eran la ópera italiana y la zarzuela.

El arquitecto uruguayo Juan Alberto Capurro fue el encargado de proyectar el nuevo coliseo. Era Capurro un profesional formado en Francia, pero inspirado por la línea arquitectónica de Palladio, por lo que las líneas clásicas con marcado sello italiano es el común denominador de su obra...

En el caso del Cibils, Capurro resolvió la fachada con seis monumentales pilastras empotradas soportando dignamente el entablamento con un gran frontón triangular decorado por movido alegórico de su tímpano. Sus dos plantas se muestran a través de los intercolumnios por una serie de cinco balcones en los altos y cinco portales de medio punto en los bajos. Forman estos elementos un cuerpo central y algo avanzado, a la manera de un templo romano".

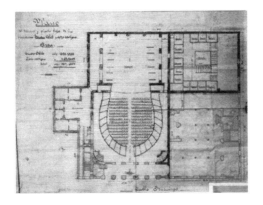

Plano del
teatro
y una
foto
después
del
incendio

El Cibils fue inaugurado el 9 de abril de 1871 con la zarzuela "El secreto de una dama".

Durante 41 años de vida teatral desfilaron las más grandes figuras de la lírica, la comedia y el drama de su tiempo.

La historia del teatro Cibils concluye un nefasto 2 de Julio de 1912 donde un incendio lo destruyó totalmente, salvo la fachada, como se puede apreciar en una foto de entonces de los Archivos de la Biblioteca Nacional.

Tarjetas postales recuerdan alguno de sus espectáculos.

Los diarios y revistas de la época reseñaron diariamente su actividad artística

Tarjeta postal de la época "Compañía Cómica Italiana"

Con *Cármen* y *Favorita* se despidió la compañía de ópera que actuaba en el Politeama.

La Preciosi, que fué la protagonista en *Cármen*, tradujo con acierto el tipo dramático, lleno de originales perfiles.

El tenor Oxilia fué en el último acto un admirable Don José.

Kaschmann estuvo escaso de voz, pero salvó las dificultades.

El vestuario de los coros, una verdadera desgracia.

Aquellas mujeres, mas que *manolas*, eran *manuelas*. Y los hombres, mas que *macarenos*, *macaneros*.

En *Favorita*, la Leonardi hizo una excelente Leonora y Kaschman un irreprochable Don Alfonso.

Á Oxilia se le empañó la voz á la mitad de la ópera y no hizo el *Fernando* que con sus poderosas facultades podia haber hecho. Al final de la obra se le tributó una entusiasta ovación, de la que participó la Leonardi.

El miércoles dió su segundo concierto la notable orquesta húngara en el Teatro Cibils. No fué apenas público, sin embargo de ser todos los artistas verdaderas notabilidades.

San Felipe sigue ocupado todas las noches por concurrencia aficionada á la música española.

La compañía ha pasado al teatro Solis, estrenándole con *El Submarino Peral*, revista de espectáculo, que llamará seguramente la atencion.

El viérnes tuvo lugar en el teatro Cibils el magnífico concierto organizado por el Instituto Verdi. Todos los números del variado é interesante programa fueron ejecutados con notable acierto.

Luis Sambucetti, que á última hora se decidió á tomar parte en el concierto, compartió con Oxilia las mas ruidosas ovaciones de la noche.

La concurrencia fué selecta y ocupaba literalmente

El Teatro, sede de eventos sociales y políticos

Fue sede el teatro de sinnúmero de eventos sociales, políticos y pedagógicos.

E. Acevedo, recuerda un festejo durante la asunción del presidente Herrera y Obes:

Luego de prestar juramento, el doctor Herrera y Obes se dirigió a la Casa de Gobierno, donde tomó posesión del mando, y de allí salió a la calle y acompañó al general Tajes hasta su domicilio, seguido de una columna popular que ocupaba una cuadra de la ciudad. Las manifestaciones al Presidente saliente y al Presidente electo, continuaron en la noche del 1.º de marzo y fueron coronadas con un banquete dado al doctor Herrera y Obes en el teatro Cibils, por elementos representativos de la juventud.

José Pedro Varela lo utilizó como sede para los **Concursos Infantiles de Enseñanza Primaria** que recién había creado.

Los Concursos escolares de 1879.

Aparte de los exámenes anuales que fueron nuevamente reglamentados en 1878, acordándose a cada buena clase de las escuelas públicas un premio de honor, una mención honorífica y un cuadro en que serían inscriptos los mejores alumnos de toda la escuela, estableció Varela concursos infantiles con el propósito de que el pueblo apreciara la bondad de la reforma en los procedimientos de enseñanza y los maestros conocieran y compararan el estado de todas las escuelas. Cada maestro debía presentar del 5 al 10 % de sus alumnos, según las clases. Para cada uno de los grupos del concurso había una medalla de oro y dos medallas de plata.

Tuvo lugar el torneo en el teatro Cibils con extraordinaria brillantez, ante un jurado que ocupaba el escenario y un público numeroso que durante catorce días seguidos acudió a presenciar el espectáculo, aplaudiendo con entusiasmo a los niños que allí exteriorizaban lo que sabían y lo que valían gracias a la reforma fundamental en los métodos de enseñanza que acababa de implantarse.

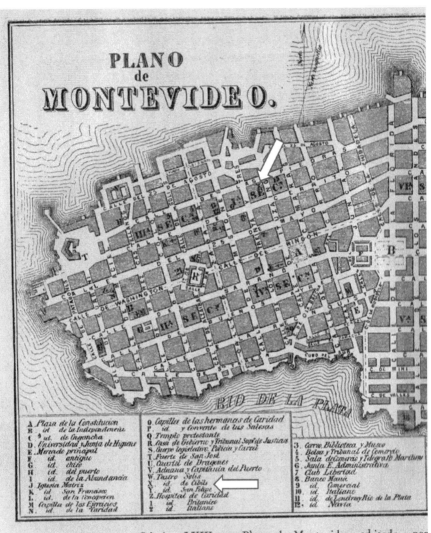

PLANO
de
MONTEVIDEO.

A. Plaza de la Constitucion
B. id. de la Independencia
C. id. de Cagancha
D. Universidad y Junta de Higiene
E. Mercado principal
F. id. antiguo
G. id. chico
H. id. del puerto
I. id. de la Abundancia
J. Iglesia Matriz
K. id. San Francisco
L. id. de la Concepcion
M. Capilla de los Ejercicios
N. id. de la Caridad

O. Capilla de las hermanas de Caridad
P. id. y Convento de las Salesas
Q. Templo protestante
R. Casa de Gobierno y Tribunal Sup. de Justicia
S. Cuerpo legislativo, Policia y Carcel
T. Fuerte de San José
U. Cuartel de Dragones
V. Aduana y Capitania del Puerto
W. Teatro Solis
X. id. de Cibils
Y. id. San Felipe
Z. Hospital de Caridad
1. id. Británico
2. id. Italiano

3. Correo, Biblioteca y Museo
4. Bolsa y Tribunal de Comercio
5. Sala de Comercio y Telegrafo Marítimo
6. Junta E. Administrativa
7. Club Libertad
8. Banco Maná
9. id. Comercial
10. id. Italiano
11. id. de Londres y Rio de la Plata
12. id. Navía

Lámina LXIII. — Plano de Montevideo, editado por

PLANO DE MONTEVIDEO de segunda mitad del siglo XIX
(año 1872) en donde se señala la ubicación del Teatro Cibils

Caras y Caretas 1905 – Imagen de una fiesta en el Teatro Cibils

Es posible rescatar el aspecto del interior del teatro en esta borrosa imagen del periódico.

El teatro Cibils durante la fiesta en honor de la señorita de Viera

EL ATENTADO CONTRA EL PRESIDENTE MAXIMO SANTOS

A la vida artística del Teatro Cibils se le sumó un grave episodio de la vida política montevideana.

Fue el atentado contra la vida del presidente Máximo Santos

Cuenta E. Acevedo, (1934),

El balazo del teniente Ortiz.

En el curso de ese mismo mes de agosto, pocos días después del zarpazo presidencial a los diputados de la minoría, el teniente Gregorio Ortiz descerrajaba su revólver sobre el general Santos en el momento que éste descendía de su carruaje para asistir a una función en el teatro Cibils, y perseguido por la comitiva oficial y por la Policía se suicidaba con ayuda de esa misma arma a pocos pasos del teatro, en la esquina de las calles Piedras y Treinta y Tres.

Dos clases de heridas había recibido el general Santos según el informe de los doctores Vidal, Rodríguez, Bosch y Brian, ambas en la cara y en la cavidad bucal: el agujero de entrada de una bala cónica ordinaria y cuatro desgarros, dilaceraciones o arrancamientos producidos por la explosión del proyectil. El pronóstico era reservado y las heridas muy graves aunque susceptibles de reparación «con las deformidades consiguientes en un tiempo que no podía precisarse». Terminaban su informe los médicos estableciendo que el general Santos al ser herido había pedido que no se hiciera daño a su heridor.

Algunos días antes del suceso que narramos el teniente Ortiz había escrito una carta confidencial al director de «El Día» don José Batlle y Ordoñez, en la que luego de advertirle que sólo lo conocía por su diario y por las verdades que en él estampaba, le decía que era descendiente directo de Juan Ortiz, uno de los Treinta y Tres orientales, y que tenía el propósito de matar a Santos, porque estaba persuadido de que la continuación de su gobierno hasta podía poner en peligro nuestra misma nacionalidad. La carta respondía al propósito de promover el levantamiento de una suscripción.

Numerosos ciudadanos fueron arrestados desde los primeros momentos, entre ellos el director de «El Día» don José Batlle y Ordóñez, y el director de «La Tribuna» don Emilio Lecocq. Uno de los dos diarios oficiales, «La Nación», decía que era la prensa la que había movido el brazo de Ortiz. Y el otro

Escribe el Dr. Berro Rovira en una monografía de medicina legal sobre el atentado;

"El 17 de agosto de 1886 ocurre el atentado del Tte.? o Alf.? (en realidad Sub Teniente) G. S. ORTIZ a la entrada (foyer) del Teatro Cibils entre las 20:30 y 21hs.

Concurría SANTOS con su hija Teresita (¿María y Sofía?). Gira su cara a la derecha y la eleva en gesto de saludo a Tulio FREIRE (el que le había confeccionado la Banda Presidencial) y por la izquierda recibe herida de proyectil de arma de fuego disparada por el Tte. Gregorio Saturnino ORTIZ. Nótese que el disparo hipotéticamente le hubiese dado en el cráneo, a nivel temporal o parietal de no haber hecho ese gesto de salutación y el resultado muy otro.

SANTOS se llevó las manos al rostro y tambaleó, pidió a Teresa su bufanda y sostenido por FREIRE y alférez Ricardo MARTÍNEZ volvió al coche y de allí al domicilio, es decir a su Palacio recientemente terminado de construir por el mismo Arq. Juan Alberto CAPURRO, mientras el heridor, ORTIZ, salió corriendo por Ituzaingó hacia Piedras. Uno de los guardias personales del presidente fue a perseguirlo, pero tropezó en su sable y cayó al suelo. ORTIZ dobló por Piedras hacia Treinta y Tres, perseguido por el Teniente CARD y otros guardias; en determinado momento se detuvo un instante y disparó contra sus perseguidores una vez, sin dar en el blanco.

Al llegar ORTIZ a Treinta y Tres, a punto de ser capturado en su huida y no ver el caballo que debía haberlo esperado para su fuga, se puso el revólver sobre la sien derecha y se suicidó. No se describe orificio de salida ni efecto explosivo. Tenía 24 años".

Santos sufrió por el atentado y sus secuelas físicas, pero mucho más sufrió moralmente por el deterioro de su imagen pública.

La pompa y el boato al que era tan afecto Máximo Santos se interrumpió desde entonces, e inició una progresiva caída tanto en el aspecto personal como en el político.

5. INDUSTRIAL (EL DIQUE CIBILS Y JACKSON)

Para crear esta obra con una gran visión de futuro Jaime Cibils se asoció con su yerno Juan D. Jackson. Fue un famoso emprendimiento industrial de la época, reseñado por la prensa y justamente recordado como el primer dique seco en toda la costa atlántica, desde la Florida a Tierra del Fuego.

Carátula de la revista MONTEVIDEO COMICO referente a la obra.

La Revista ROJO Y BLANCO (1900) de Montevideo informaba retrospectivamente sobre las características de la obra:

"El lugar elegido para el dique fue la costa del Cerro de Montevideo en una peña rocosa que avanza hacia el sur. Las obras empezaron el día 15 de julio

de 1874 bajo la dirección del ingeniero inglés señor WH Cock. Se abrió la roca viva, el enorme hueco capaz de recibir los más grandes navíos que lleguen al Río de la Plata.

Se abrió a pico y pala y con explosivos en la roca viva,
fotos reproducidas desde www.histarmar.com.ar

Cinco años después estaban concluidas las obras y el 17 de octubre del año 1879 entraba a dique el primer huésped, la barca italiana llamada: "Seconda Vita".
Los trabajos de construcción habían costado $1.000.000 de pesos oro.

Está ubicado en un paraje denominado Punta de Lobos en la costa del Cerro de Montevideo. Lindaba hacia el norte con el saladero de Jaime Cibils y por el sur y el oeste es el Río de la Plata. El terreno firme está todo rodeado de una espesa muralla excepto hacia el este donde hay una puerta de entrada. El muelle está construido de piedra y portland.
La puerta principal es de hierro movida por una máquina vapor de 4 caballos.

El dique posee una superficie de 31 hectáreas

A los 60 metros de la entrada hay una gran compuerta de madera que divide al dique esta compuerta de gran utilidad porque permite albergar a 2 buques de regulares dimensiones. Cerca de la entrada del dique está la casa de las bombas y calderas.

Interior del dique. — Vapor San Telmo

Hay dos canales de entrada al dique 1 al nordeste y otro el sudeste que están balizados ambos con boyas y señales de amarre.

El director del dique lleva un registro de observaciones meteorológicas hidrográficas las que son anotadas con escrupulosidad dos veces al día Entre los 600 y tantos buques figuran entrados al dique desde que empezó a funcionar."

Años después se recordaba: "Además de ser uno de los mejores diques de Sudamérica, cuenta con inmejorables talleres mecánicos para llevar a cabo toda clase de reparación, con una instalación de focos eléctricos por si hubiera que trabajar de noche y otros elementos que contribuyen a la rapidez y perfección de las reparaciones. Los muelles y depósitos enlazan para una completa red de doble vía férrea, por donde circulan doce" zorras "y dos" pescantes "de vapor de 10 y 3 toneladas de fuerza respectivamente.

Fragata alemanya F. D. Bishoff i, a la seva proa, també en dic, la corbeta nord-americana Yantre. Gener de 1895

Tomado del libro de Vilá y Galí

Entre los …. barcos entrados en este dique, desde que empezó a funcionar hasta hoy, han sufrido reparaciones los principales que vienen al Río de la Plata, entre los que se incluyen varios de 2.000 a 6.500 toneladas, así como una gran parte de las naves de la escuadra argentina y los de guerra extranjeros destacados en este puerto.

Para terminar esta reseña del importante establecimiento, diremos que, desaparecidos los dos fundadores, la empresa se ha mantenido en la familia, caso raro entre las empresas y fundaciones industriales de origen nacional".

Ver website: https://www.histar-mar.com.ar/AcademiaUruguayaMyFl/2003/DiqueArmada.htm

E.Acevedo en Anales de Historia (1934) registra varias de las entradas a reparación de importantes barcos:

La entrada de un transatlántico al dique Jackson-Cibils.

En 1880 entró al dique Jackson - Cibils el vapor francés «Pampa», de 120 metros de eslora y 12 de manga, con 2,300 toneladas de registro, una carga efectiva de 600 toneladas y un calado de 15 pies ingleses.

A raíz de la celebración del centenario del que fue dique Cibils, extractamos los párrafos siguientes de la prensa de Montevideo: «De los operarios que trabajan en el dique, que llegan a unos 340, la mayoría civiles, alrededor de la mitad viven en la Villa del Cerro, o en sus proximidades, la mano de obra es en general calificada.
En el equipo técnico se incluyen numerosos agregados de la Universidad de Trabajo, oficiales del Cuerpo General y los cuerpos de Ingenieros de Máquinas, Electricidad y del de la Administración. Así, se han formado muchos especialistas que ofrecen la hay experiencia en diferentes talleres y oficinas técnicas del país.

En junio de 1916, el dique Cibils & Jackson pasó a ser propiedad del Estado, habiendo sido antes de una sociedad ya que Jaume Cibils y Puig había muerto el año 1888 y Juan D. Jackson cuatro años después.

Actualmente es el Dique de la Armada. Durante muchos años la Armada no compró buques que no entraran en el dique para asegurar su mantenimiento.

Es la única de las obras de Jaime Cibils Puig que perdura hasta nuestros días.

EPILOGO

Para finalizar el recuerdo de Jaime Cibils quiero dejar esta viñeta de un libro de memorias de un capitán de la marina mercante española, don Julián de Salazar, (1896), que revela aristas del carácter de nuestro personaje central.

Relata el capitán Salazar, en sus memorias publicadas en 1896, una anécdota sobre don Jaime en un viaje a su patria natal, quizás en la última década de su vida y cuando ya había realizado todo lo que alguna vez, quizás soñó en aquel año de 1838 cuando embarcó para América:

"..hubo ocasiones en que la vista de las costas de España, se celebraba más positivamente; como por ejemplo, en un viaje que venía de pasajero, un rico capitalista de Montevideo, el Sr. Cibils, catalán, que hacía muchos años que faltaba de España y generoso como lo fue durante todo el viaje, ordenó al mayordomo que sacase Champagne, para los de popa y los de proa.

Creo que se bebieron aquel día más de setenta botellas de espumante vino y excuso decir que menudearon los vivas a España, a Montevideo, a Cataluña, a Cibils y a Italia".

6. RECUERDO DE PLACIDA BUXAREO

La historia nos permite escasamente recordar las mujeres del siglo XIX por los pocos datos biográficos que consigna.

En aquel entonces su lugar en la sociedad fue fundamentalmente el de procrear, acompañar a su marido y dirigir las tareas de la casa. Además de aportar alguna dote.

Entiendo que aún peor sería no hacer un lugar para recordarlas en esta saga familiar.

De **Plácida Buxareo Reboledo** nos han llegado algunas referencias.

La primera, su casamiento y progenie.
Se casó con Jaime Cibils el 23 de diciembre de 1836 y (según ref. de Mariani), éste declaró "que su esposa no aportó capital alguno a la sociedad conyugal, sino la "decencia de su persona".

Jaime Cibils y Plácida Buxareo tuvieron trece hijos.

La segunda referencia, es su descripción física, que extractamos de los libros de Vilá i Galí (1989) y de R. Goldaracena. (1976)

La describen así: *"una joven frágil, de enormes ojos negros, boca pequeña que esboza una sonrisa inocente, un pelo muy negro arreglado hacia atrás con un moño, apenas salida de la adolescencia"*

La tercera, los cuadros que perpetuaron su imagen.

Conozco dos cuadros:

Uno es del famoso retratista de la época, Cayetano Gallino, (cita de F. Parpagnoli (1969) del que solamente tengo una reproducción gráfica del periódico monocromo (AMIGOS DEL ARTE "Antiguos retratos femeninos" de Fernández Saldaña); la primera reproducción de esta reseña.

El segundo cuadro, de autor anónimo, fue propiedad de la familia Castellanos Cibils hasta 2019, perteneciendo actualmente al autor.

La cuarta memoria sobre Plácida fue referente a los problemas sucesorios a la muerte de Jaime.

Un voluminoso expediente existe en el Arch. Gen. de la Nación y en la Biblioteca Nacional

A ese respecto: *A.G.N. A.J. Juzgado en lo Civil e Intestado 2º. Montevideo, 1891. Sucesión de Plácida Buxareo de Cibils. Liquidación, división y partición de bienes inmuebles, muebles, alhajas, acciones y créditos a su favor. Folio 112 vuelta.*

XI.   LOS HERMANOS ROMAGUERA y CIBILS

Los hijos de **Dorothea Cibils y Martí con Anton Romaguera**, luego de un breve pasaje por Montevideo, se establecieron definitivamente en Río de Janeiro donde formaron familia.

Manuela de Cámara Falcao estudió esta rama brasileña-portuguesa y pudo aportarnos una imagen de su 4° abuela, Rosa.

D. Rosa Romaguera y Cibils
1826-1884

Transcribo sus palabras:
"A quase totalidade dos Romaguera que viveram ou vivem por todo o Brasil, (do segundo quartel dos anos de 1800 ao início dos anos 2000, descendem de Anton Romaguera Thomas e Dorothea Cibils y Marti, alguns deles vindos dos Romaguera que antes se radicaram no Uruguai e na Argentina."

-**Jaime Joseph Anton Romaguera y Cibils**. (*1810 +1889)
        Ramos na Argentina, na Espanha e no Brasil
        (Formó sociedad comercial con los Cibils y los Buxareo)
-**José Romaguera y Cibils**. (+23/03/1904). Ramos no Brasil e Chile.
-Rosa Romaguera y Cibils. (*1826 +1884). Ramos em Portugal.
-Antonio Romaguera y Cibils. (*1828 +1868). Ramo extinto.
-Dorothea Teresa Vicenta Romaguera y Cibils.(+1830). Ramo extinto.
-Anna Maria Florentina Romaguera y Cibils. (*1836 +1872). Ramo extinto.

REFERENCIA Manuela da Camara Falcão
https://gw.geneanet.org/mcamarafalc?lang=pt

XII.   LA AVENTURA DE JAIME CIBILS BUXAREO EN EL MATO GROSSO. La Hacienda Descalvados

Esta fascinante aventura comercial, digna de una película, asocia el proyecto de un poderoso empresario de la época y de su hijo mayor. Fue una aventura comercial arriesgada, tanto en su aspecto comercial como en lo vital, toda ella enmarcada en el escenario fantástico de los bordes del Mato Grosso a miles de kilómetros de su ciudad natal.

Por si fuera poco, se suman a esta aventura poderosas vinculaciones comerciales con figuras importantes de la naciente nueva República del Brasil y sus caudillos locales, así como solapados intentos de la monarquía belga de la época, bajo el genocida rey Leopoldo II, de repetir su colonial feudo del Congo, pero esta vez en tierras americanas.

Autores catalanes, uruguayos y brasileños han sumado en las últimas décadas valiosa información sobre este emprendimiento, que ha enriquecido la historia de la saga familiar con informaciones casi imposibles de obtener de no haber mediado la valiosa investigación profesional de los autores.

Alba Mariani, Agustí Vilá i Galí y Domingos García han aportado una valiosísima información que transcribiremos en parte en este libro.

Mariani (2003) describe así el emprendimiento: *"Su hijo Jaime Cibils Buxareo, residente en Buenos Aires y representante de los negocios de saladero de su padre, le propuso una inversión arriesgada. En 1881 organizó una expedición a Mato Grosso, para adquirir extensos campos, por entonces de escasa producción y las instalaciones de un saladero en precarias condiciones. Lo acompañó el Dr. Emilio Soulez, quien dirigía la elaboración de las carnes en la fábrica "La Conserva""*

Jaime hijo, consciente de lo riesgoso del viaje y del emprendimiento, decide legar mediante testamento todos sus bienes a su padre antes de iniciar el viaje, como precaución si le ocurriese una fatalidad.

La motivación del emprendimiento se relata así:

"Varios fueron los motivos que impulsaron al comerciante a transitar la riesgosa ruta. En primer lugar, aumentar las actividades mercantiles del puerto de Montevideo dependiente del tráfico de los ríos interiores con sus agitados negocios de exportación e importación. Otro problema, mantener la industria nacida en la época colonial, el saladero, aún redituable, pero que sentía los síntomas de la depresión, agudizados con la crisis de 1890, año en que comenzaría una lenta, pero constante caída"

A un par de miles de kilómetros de Montevideo en línea recta, en medio del Matto Grosso, en un territorio compartido entre Brasil y Bolivia, lejos de todo centro civilizado de la época, se ubicaba la Hacienda Descalvados.

Continúa la cita de Mariani, la cercana población de...

"Cuyabá era considerada en el siglo XIX en el "centro y eje geográfico" de la América meridional. La voluptuosa selva y las riquezas por conquistar, la transformaron en una región de potencial fortuna y progreso.
Jaime Cibils hijo conoció esos relatos de exploraciones, de derroteros, de reconocimiento hidrográfico y de recopilación de cartas geográficas, y se propuso hacer prosperar en la zona el comercio para su beneficio. Con los dineros de su padre y aportes de capital propio, inició una empresa de grandes proporciones que comprendía un saladero, un moderno sistema de salazón de cueros y una fábrica de carnes en conserva."

Jaime Cibils Buxareo inició su viaje a Descalvados desde Buenos Aires el 11 de agosto de 1881

El JORNAL DO BRASIL de la época comentaba así el inicio del emprendimiento e informaba así de la hacienda:
"Los datos siguientes dan una idea aproximada de los terrenos y las fábricas que constituyen el colosal dominio de Descalvados, las riquezas son de difícil valoración, y su enorme extensión no es posible recurrir fácilmente.

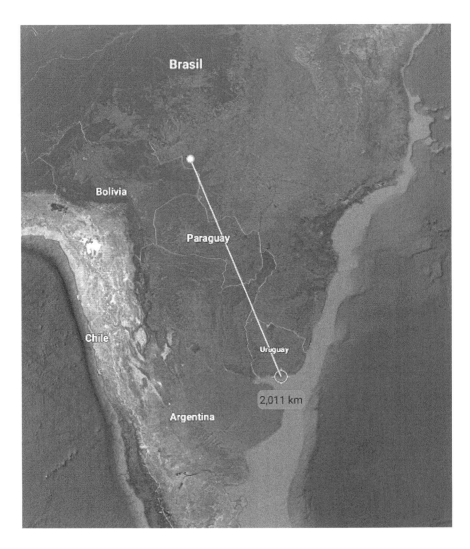

Esta captura de Google Earth nos da una idea de la distancia entre las ciudades del Rio de la Plata y la zona de Descalvados.
En línea recta son 2.000 km de Montevideo.
Cerca de 3.000 km de un serpenteante trayecto fluvial desde Buenos Aires, que correspondía aproximadamente a trece días de navegación por los ríos, principalmente Paraná y Paraguay.
El trayecto por tierra desde Rio de Janeiro hasta la hacienda se calcula que insumía cerca de tres meses.
Superficie de la hacienda: aproximadamente 8.200 km2. o 820.000 hectáreas

Situado en el Estado de Mato Grosso, entre las latitudes de 16 ° y 179 50 'sur y longitudes de 57 ° 25' y 58 ° 30 'al oeste de Greenwich, la propiedad de Descalvados está limitada: al este, por el río Paraguay; al sur, por los lagos de Caiva y Uberaba; al oeste, por la Coriza Grande, que lo separa de Bolivia; y al norte, por la "fazenda" nacional de Caissara y por el río Jauru. Las ciudades más cercanas son Corumbá, 350 millas al sur, y Villa María en San Luis de Cáceres, 125 millas al norte del territorio.

Capturas actuales con Google Earth de Descalvados y su marca GPS

La propiedad de Descalvados tiene una superficie de 350 leguas cuadradas y posee once" estancias "o" sesmarias "de cultivos, dos de las cuales están en territorio de Bolivia.
Esta propiedad pertenece al señor Jaime Cibils y Buxareo, que la obtuvo por compra en pública subasta los herederos de João Carlos Pereira Leite y de algunos de sus parientes, en 1882, habiendo adquirido al mismo tiempo la gran fábrica de "charque" de Sel Sar, que fue agregada al dominio de Descalvados."

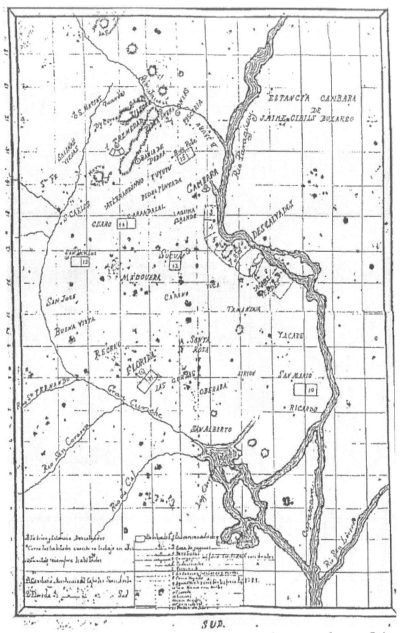

Mariani (2004), reproduce este mapa que fue trazado por Jaime
Cibils Buxareo de su propiedad. (Mapa 2)

En el año 2000 la Municipalidad de Cáceres nos hizo llegar la siguiente información y fotos de Descalvados, desde donde extractamos:

"Todo comenzó en 1874, cuando Descalvados era propiedad de João Carlos Pereira Leite, yerno de los propietarios de Fazenda Jacobina que en aquel siglo era la más grande de la provincia de Mato Grosso. Según los historiadores, Descalvados tendría alrededor de 600,000 cabezas de ganado en la segunda mitad del siglo XIX y un área de alrededor de 350 leguas cuadradas, cada legua de cinco kilómetros de largo.

En 1881, el uruguayo de origen catalán **Jaime Cibils Buxareo** *ganó, en una subasta, la propiedad del Mayor João Carlos Pereira Leite, adquiriendo también la charqueada, propiedad del argentino Rafael Del Sar, donde instaló una fábrica de extracto de carne comenzando el período dorado de Descalvados.*

En 1895, Cibils y otros seis socios registraron los estatutos de Compagnie de Produits Cibils, Société Anonyme con Anvers *en una oficina de registro de Amberes, que incorporó las propiedades del Pantanal, conocido como el* **"Dominio de Descalvados".**

Así, comenzó la fase "belga" de Descalvados y el apogeo de la granja. El extracto de carne se había vuelto muy popular en Europa, especialmente en Bélgica. **El profesor Hilgard Sternberg, autor del artículo "Intentos expansionistas belgas en Brasil: el caso Descalvados", sostiene que la industria en Mato Grosso era parte del plan del rey Leopoldo II, de Bélgica, para expandir sus dominios a Brasil.**

Años después la escasez de ganado llevó a los belgas a cambiar sus planes y en 1911, Descalvados pasó al grupo financiero de la estadounidense Percival Farquhar, quien fundó la **"Brazil Land, Cattle and Packing Company".** *Se mantuvo la producción de extracto y caldo de carne y se abrió una fábrica de jabones. Según el Álbum Gráfico de Matto Grosso, Descalvados tenía 100 mil cabezas de ganado, mientras que el resto del municipio de Cáceres tenía solo 40 mil. En la era de G.Vargas, Descalvados fue tomado y el interventor, el diputado Carlos Vandoni de Barros, dividió la granja. Los hermanos Lacerda compraron la mayor parte.*

Cualquiera que vea la sede de Fazenda Descalvados, con balcones a través de los cuales se puede ver el río Paraguay, su escalera de hierro, la pequeña

iglesia con imágenes a tamaño real de Nuestra Señora, San Roque y San Blas.
Descalvados también se destaca por ser un sitio arqueológico, con huesos, urnas funerarias y utensilios de indios que habitaban la región."

Un artículo periodístico publicado en Río de Janeiro, (cita de D. García), describió así el funcionamiento de la novel instalada fábrica de Descalvados:

"El servicio de matanza no deja nada que desear. Hay un plan organizado para el flujo de la sangre; para el envenenamiento de las pieles y lo necesario para la separación de los intestinos de los animales. A la derecha hay ganchos y esparcidores para la carne desmenuzada. Hay tres grandes calderas en un plano inclinado, servidas por un carro sobre rieles que toma su grasa. Hay una pequeña máquina de vapor por donde pasa la carne, libre de nervios y partes inútiles, por cilindros, de los cuales se toma por medio de ascensores, que las depositan en seis grandes calderas, donde se cocina. Hay torres de evaporación, bombas centrífugas para llevar el caldo concentrado a los filtros por encima de los evaporadores.
Hay una tienda de retoque, donde se hacen paquetes de papel de aluminio del extracto de carne a exportar; hay otro tonelaje para pinturas y barriles para idiomas y otros productos para exportar. Hornos, calderas horizontales, tuberías de vapor, cocinas de carne, digestores y bombas.
Suplementos que llevan el agua del río a los depósitos de hierro y postes para secar el cuero completa los elementos de la gran fábrica, la más importante en ese estado ".

El historiador brasileño Domingos García, aporta el mejor resumen del emprendimiento que hemos podido consultar. Relata así:

"En el año 1880 cambia la historia de Descalvados.
Muere el jefe de familia Pereira Leite y las tierras se ponen en venta.
Allí aparece un personaje Rafael del Sar, argentino, que era propietario de una charqueada en Descalvados. Negocia su venta con Jaime Cibils Buxareo. Probablemente se conocían de la ciudad de Buenos Aires donde ambos tenían residencia.

Jaime no solamente compra a Rafael del Sar su charquería y su ganado sino también compra las tierras a los herederos de Pereira Leite.

La compra de Descalvados por Jaime inicia la transformación de una fábrica de charque en una fábrica moderna destinada a la producción de derivados de carne que debían ser colocados en el mercado internacional, particularmente el europeo.

El principal producto que va a ser producido en la nueva fábrica de Descalvados será el caldo de carne.

La técnica es adoptada en Europa y por los AngloAmericanos en la fábrica Liebig de Fray Bentos.

Lanzados al mercado internacional en la primera mitad de 1880 los productos ganaron buena aceptación en Europa y muchos premios en certámenes internacionales.

Descalvados estaba a más de 3000 km de Buenos Aires. Entre otras cosas Jaime pidió la exoneración fiscal al gobierno.

La fábrica contrabalanceaba dos aspectos en su rentabilidad, por un lado la materia prima era abundante, la mano de obra barata y abundante, los salarios eran irrisorios y sumaba una exención fiscal del gobierno provincial. Por el otro lado había una distancia enorme para el litoral con los costos de transporte.

En 1891 Jaime inicio las negociaciones para la venta de Descalvados con un grupo brasilero especialmente constituido para tal fin, que fue la Compañía de Fomento Industrial y Agrícola del Estado de Mato Grosso. Esa compañía fue conformada en Río de Janeiro y era una asociación entre el Banco Mutuo y un capitán Teniente Muñiz Barreto. Entre los principales accionistas figuraban políticos de la Nueva República brasileña.

La compra de Descalvados fue el primer objetivo de esta nueva sociedad y la venta fue concertada en marzo de 1891.

El negocio al final fracasó un año después y Jaime no aceptó entregar la propiedad alegando que no se habían cumplido las cláusulas del contrato. A su vez los compradores recurrieron a la justicia. A pesar de efectuada la venta a la Compañía de Fomento Industrial, Jaime continuó administrando la fábrica. Al final no se concretó la venta a este grupo inversor."

"Un capítulo adicional fue el que Jaime se envolvió en disputas políticas en el Mato Grosso apoyando a un movimiento revolucionario

iniciado en febrero de 1892 en Corumba, liderado por el coronel da Silva Barbosa y apoyado por sectores de la oligarquía local en disputa con otros sectores oligárquicos también locales."

"La participación de Jaime en el movimiento va a revelar su estrecha relación con el gobierno argentino cuyo ministro del exterior Zeballos lo nombra **vicecónsul de Argentina en Corumba** en sustitución de otro vicecónsul. El movimiento revolucionario derriba al presidente del Estado, Mortiño y domina el estado por cuatro meses antes de ser derrotado por otros sectores de la oligarquía liderados por el coronel Ponce

Algunas cuestiones llaman la atención de este movimiento; la primera es la activa participación de extranjeros principalmente comerciantes de Corumba, la segunda es que el movimiento en determinado momento de los acontecimientos resuelve proclamar la **independencia de Mato Grosso del resto de Brasil** y constituirse en un estado independiente con el nombre de **República Transatlántica de Mato Grosso.**

La derrota del movimiento revolucionario y el retorno del presidente Mortiño dificultó las acciones de Jaime en este sentido.

No obstante Jaime se acomoda rápidamente a la situación y al final de 1894 al hacer un viaje por el interior del Mato Grosso, el presidente Mortiño pernocta en Descalvados donde es recibido por Jaime C.

La participación de Jaime en el movimiento de 1892 dejo resentimientos que aparecieron en la prensa local que insistió en regular todas las compañías ligadas a Descalvados.

Los periodistas cuestionaron el tamaño de las tierras reivindicadas por Jaime y este respondió responsabilizando a los anteriores propietarios por el hecho de que las tierras no habían sido aún legalizadas. Cuando Jaime compró las tierras a Pereira Leite estas ya no eran tierras legalizadas, estaban apenas en posesión. Cuando comenzó a construir la fábrica de caldos Jaime trato de titularizar las tierras sin éxito. Posteriormente con la Constitución de 1891 las tierras fueron legalizadas y los titulos expedidos."

"Mientras continuaban las relaciones comerciales con Anvers, esto llegó a conocimiento del rey de Bélgica Leopoldo II que en esa época estaba ya instalado en su famoso estado independiente del Congo en

África y quería repetir esa experiencia en otras regiones del planeta, fuera del África."

"Aunque no hay ninguna prueba de la participación directa de Leopoldo II en esta operación, lo cierto es que personas de su confianza participaron en la compra del establecimiento Descalvados y en su dirección en Brasil.

Cuando se concreta el acuerdo Jaime C. entrega Descalvados al primer administrador del establecimiento que fue el ciudadano belga François Joseph Van Dionant.

*Cuando los administradores belgas se establecieron en Descalvados se inicia un cambio del establecimiento, tratando de transformarlo en una **representación diplomática de Bélgica,** movimiento que es rechazado por el gobierno de Brasil."*

Transcribiremos ahora unas memorias sobre la Hacienda Descalvados más allá de los intereses comerciales y de las luchas políticas. Nos sumergiremos en los recuerdos de un capitán de barco que azares del destino vinculó a los Cibils Puig y a sus emprendimientos.

Son ellas las **Memorias del Capitán Vilá i Conill,** recopiladas por su hijo en el libro "Navegantes y Mercaderes" (1989)
Se refiere así:
"La gran propiedad comunica con San Luis de Cáceres y Corumbá mediante pequeños vapores, que hacen la navegación del río Paraguay.
La comunicación con Montevideo y los puertos del recorrido es a cargo de los vapores del Lloyd Brazileiro, que hacen dos viajes mensuales tanto desde Uruguay como desde Río de Janeiro hasta Corumbá. El hecho de estar situada la fábrica sobre la orilla del río Paraguay hace que sea fácil el embarque de sus productos y que los fletes no sean excesivamente elevados"

Valiosos relatos y dibujos sobre Descalvados se encuentran en la obra de dos naturalistas famosos, los **hermanos Burmeinster**, que en sus largas exploraciones por América del Sur llegaron a Descalvados. El libro del Cap. Vilá lo describe así:

"Los dos hermanos Burmeister llegaron a Descalvados en febrero de 1891. La finalidad de su viaje era totalmente científica, encaminada principalmente a la búsqueda de especies animales propias de aquella zona selvática, entre Descalvados y San Ignacio, desde donde pensaban a través de Bolivia, proseguir viaje hasta Buenos Aires, programa que no pudieron llevar a cabo como más adelante veremos.

Carlos Burmeister, el mayor de los dos hermanos, naturalista y agricultor,fue durante un corto periodo administrador de Descalvados

Dejemos que Frederic Burmeister nos explique el comienzo de su viaje:

«Si bien llegamos a Descalvados con mi hermano Carlos a finales de febrero de 1891, no pudimos seguir el viaje inmediatamente, porque las lluvias son en esta época muy copiosas y los arroyos, secos en invierno, se convierten en torrentes caudalosos. Mientras esperábamos, conseguimos algunas aves y algunos mamíferos cuyas pieles preparamos para enviarlo las en el Museo Nacional de Buenos Aires.»

Tomado de la muestra Cataluña y Ultramar

"Todo el establecimiento estaba a cargo de un gerente, el señor Agusti Vilà y Conill, ex-capitán mercante de los barcos que había poseído la familia Cibils Buxareo en Montevideo, hombre serio y severo, inflexible con sus subordinados."

Varios dibujos a tinta en el libro de Burneinster ilustran a la Hacienda Descalvados y su gente.

Descalvados, segons un dibuix de Frederic Burmeister

Tomado del libro de Vilá y Galí (1989)

Continúa Vila: *"Todos estos núcleos estaban situados al norte de Descalvados sobre la orilla del río Paraguay, y era de estos puntos de donde procedía gran parte de los aprovisionamientos para carbón, piedra y, sobre todo, los cabezas de ganado vacuno y porquería que debía ser sacrificado en la fábrica para obtener los productos que habían dado nombre a la marca: caldos, extractos, grasas, cueros, conservas, etc., el principal de los cuales era el extracto de carne, que se obtenía por la concentración de los extractos acuosos de carne fresca, sin sustancias proteicas coagulables, ni grasa, a menudo con el aditamento de sal.*
El extracto más corriente era el de carne de vacuno. Su contenido dietético está en el contenido en aminoácidos y peptonas, que lo hacen adecuado al abastecimiento de proteínas animales en los casos en que las fuentes proteicas normales son asimiladas con dificultad.

La recepción de las partidas de animales era consignada en el diario del capitán con una expresión muy curiosa: «Hoy ha entrada una tropa de "tantas" cabezas».

En la descripción de F. Burmeister ya se hace mención que la compañía transportaba los productos acabados a bordo de un barco fluvial a ruedas a Cambará, pero hay que añadir que nuestro capitán disponía de otras embarcaciones de este tipo: así nos habla de una Chata, que debemos suponer, por lo que dice el diario, que debía ser normalmente remolcada por Cambará. También hace mención de los vapores Pedro 2 ° y La Lolita y de algunas embarcaciones menores, así como nos da una idea de cómo era el entorno de la fábrica y de sus servicios anexos.

Referente al trabajo:

«El espectáculo de un saladero es de lo más triste. Por las noches los bramidos de los animales encerrados en corral sin alimentos, a veces desde dos o tres días antes del sacrificio; de día los gemidos lastimosos los animales mutilados o que expiran bajo el hierro de sus verdugos, expresión de rabia de los que tratan en vano de fugarse de la muerte y los gritos de los peones que se sienten desde lejos. Y, ¡que espectáculo si nos acercamos! Ocho o diez hombres repugnantes de sangre, cuchillo en la mano, degollando, descuartizando o troceando los animales muertos o agonizantes; de sesenta a cien cadáveres sangrantes extendidos en esporádicos metros cuadrados de superficie."

Descalvados año 2000. Casa principal, terraza con vista al rio e interior de la iglesita. (cortesía Municipalidad de Cáceres)

Descalvados en el año 2000. Cortesía del Municipio de Cáceres

Continúan las memorias de Vilá i Conill:
"*Pero de lo que no se ha hecho mención es de los diversos establecimientos, lugares o destacamentos que formaban parte de aquel complejo. Los más importantes, de entre otros más pequeños, se encontraban Presidente, Bracinho, Bororos, Cambará, Bahia de Piedra, Jaurú y Destacamento; los más importantes entre todos eran Presidente y Cambará.*

Iglesia de Descalvados en el año 2000. Fotos
Cortesía de la Municipalidad de Cáceres. MG do Sul

En diciembre de 1890, concretamente el día 2, el señor Jaume Cibils y Buxa-
reo inició una de sus visitas periódicas a la «estancia».
Como era su costumbre, Jaume Cibils quiso constatar personalmente todos
los problemas de la propiedad, así como los avances que se habían hecho desde
su última visita en la mejora de las instalaciones de la fábrica, embarcaderos,
corrales, viviendas, iglesia, transporte, cierres, plantaciones, etc. Esta visita
se prolongó hasta el día 2 de enero del año siguiente.

La víspera de su regreso hacia Montevideo, en Cibils tuvo una charla con el
capitán Vilà para anunciarle su decisión de trasladarlo y proponerle la direc-
ción del dique Cibils & Jackson de Montevideo, que había sido puesto en
servicio el año 1879."

Posiblemente Cibils ya había entrado en conversaciones con la gente de ne-
gocios belga para llegar en 1895 a constituir la **Compagnie des Produits**
Cibils, SA, *con domicilio en Anvers 160 "*

La asociación con la compañía belga y el mercado europeo abrirá un nuevo capítulo, en que se mezcla lo comercial con lo político y paralelamente lo artístico y lo enciclopédico.

Cibils Buxareo administró las estancias y el saladero. En 1892 fue nombrado cónsul de Argentina con sede en Corumbá. **En 1895, entabló sociedad con la firma belga "Sociétè Anonyme Compagnie de Produits Cibils à Anvers" y además incorporó las marcas "Conserva Bouillon Cibils" y "Cibils Descalvados"**

La creación de los **"Cromos Cibils "**también conocidas como las **"Tarjetas coleccionables Cibils"** serán una creación comercial-cultural hermosa de la que hablaremos más adelante.

"El día 3 de junio de aquel año de 1891, a las 5 de la mañana, el Cap. Vilá i Conill embarcaba en Cambará rumbo a Montevideo vía Corumbá. El sucesor del capitán Vilà en la dirección de Descalvados fue Carlos Burmeister, una vez recuperado de las fiebres que lo afectaron".

Un estudio presentado en Londrina, (D. García,2005) relativo a la complicidad de políticos y especuladores en negocios durante el período de la naciente república brasileñas, se trató sobre la venta de Descalvados.

Dice D. García, (2005) *"En 1888, murió Jaime Cibils, padre de Jaime Cibils Buxareo, y declaró que su padre era de hecho el dueño de Descalvados. Este evento, sumado a la baja rentabilidad de la fábrica, las fallas en el intento de reducir los impuestos sobre productos exportados y el intento fallido de obtener el título de las tierras, debe de haber desanimado a Cibils Buxareo. A estas fallas se debe haber unido la crisis financiera de Argentina en 1890, lo que puede haber creado dificultades para Cibils Buxareo, quien residía en Buenos Aires y operaba con bancos en la capital de Buenos Aires. Ante esta situación Jaime Cibils Buxareo decidió vender Descalvados. Después de establecer el capital de la compañía en £ 1 millón y establecer los otros elementos, el estatuto llegó a su fin enumerando los directores de la compañía: Rui Barbosa (senador), Quintino Bocaiúva (senador), Antonio*

Azeredo (diputado federal de Mato Grosso), Abel Guimarães (propietario) y Orozimbo Muniz Barreto (capitán-teniente)"

Es decir, hay dos de los personajes más importantes de la joven República. (Rui Barbosa y Quintino Bocaiúva), además de un diputado federal recientemente elegido por Mato Grosso (Antonio Azeredo), como compradores de Descalvados.

El no pago de cuotas por los compradores hace caer el trato. No obstante, poderosos intereses llevan adelante una denuncia contra Jaime Cibils y temporariamente embargan la hacienda.
Jaime Cibils Buxareo entabló juicio y finalmente recuperó Descalvados mediante un acuerdo con los especuladores.

Descalvados hoy. Agroturismo y Pesca deportiva

Retomamos relato de Mariani: *"El dinero que Jaime Cibils i Puig entregó a su hijo fue una inversión riesgosa. El comerciante no recibió las ganancias esperadas por los negocios de ese promisorio, pero peligroso territorio. Hasta la muerte de Cibils Buxareo en Buenos Aires, en 1907, se continuaron con las actividades, donde colaboraron parientes y allegados de confianza de la empresa, que giraba bajo su nombre."*

Cuando falleció su madre, Plácida Buxareo de Cibils, en 1891, se liquidaron los bienes correspondiente a la porción ganancial, donde Jaime Cibils Buxareo declaró una deuda de 149.533 pesos fuerte (Arch.Gen.Nación).

EL PROYECTO PARA LA CREACIÓN DE UN BANCO EN PARAGUAY. AÑO 1879

Internet nos depara hallazgos curiosos como el siguiente.
Un libro de Rahi A. (1997) **"La moneda y los bancos del Paraguay"** contiene un par de referencias a un proyecto frustro, que resultó un ejemplo más del espíritu emprendedor de algún Cibils de la época.

Seguramente fue Jaime Cibils Buxareo por todas las coincidencias en el tiempo con el proyecto de Descalvados que estaba en desarrollo en aquél entonces. (resta corroborarlo).

Dice así:
"1879 - Banco Cibils. En septiembre de 1879 un señor de apellido Cibils presentó al gobierno paraguayo un nuevo proyecto para la apertura de un banco. El mismo, contrariamente a los anteriores no fue aceptado por éste."
"Desconocemos las características del proyecto y las razones del rechazo que debieron ser muy importantes dada la necesidad que existía entonces de este tipo de instituciones bancarias".

El año 1879 fue par de años antes a la compra de Descalvados.

Con este proyecto de creación de un banco en Paraguay, seguramente se quiso repetir la experiencia exitosa del Banco Comercial en Uruguay, pero en tierras guaraníes.

FERROCARRILES EN PARAGUAY

Otra prueba del espíritu emprendedor de Jaime Cibils Buxareo fue el proyecto para la construción de un ferrocarril en Paraguay.

En la Colección Legislativa de la República del Paraguay existe una resolución de 1892 autorizando la construcción de un ferrocarril entre las minas localizadas en la localidad de "la Cordillerita" Dpto. Ybicuy y un puerto en el río Tebicuary.

Desconocemos si el proyecto se realizó

Asunción, Septiembre 17 de 1892.

Cúmplase, publíquese y dése al Registro Oficial.

GONZÁLEZ
José T. Sosa

Concesión para construir un ferro-carril

19 de Septiembre de 1892.

El Senado y Cámara de Diputados de la Nación Paraguaya, reunidos en Congreso, acuerdan y

DECRETAN:

Art. 1°. Se concede á don Jaime Cibils Buxareo el derecho de construir y explotar un ferro-carril, que partiendo de las minas de manganeso y otros minerales existentes en el punto conocido con el nombre de «Cordillerita» en el Departamento de Ybycuí, termine en un punto conveniente del Río Tebicuary ó de alguno de los arroyos navegables afluentes á ese río para el embarque de los productos.

Art. 2°. Decláranse de utilidad pública los terrenos de propiedad fiscal ó particular necesarios para la construcción de la vía, estación, depósitos, según los planos que serán sometidos á la aprobación del P. E.

Los terrenos de propiedad fiscal serán cedidos gratuitamente al concesionario y los de propiedad particular expropiados por cuenta del mismo.

El ancho de la faia de la trocha será hasta de veinte me-

XIII. LAS TARJETAS VICTORIANAS.
Los "CALDOS CIBILS"

También denominadas **"Cromos Cibils"** o simplemente "tarjetas Cibils" fueron una forma de propaganda comercial estructurada en base a series de tarjetas temáticas. Fueron desarrolladas por los socios europeos de J. Cibils Buxareo para servir de propaganda a sus productos en Europa principalmente en Francia, Bélgica, Alemania, Holanda, Inglaterra.

Hay que situarse a fines del siglo XIX y recordar que existía un número importante de población analfabeta y que los libros eran artículos caros. Las enciclopedias estaban fuera del alcance de la mayoría de la gente.
La propaganda comercial era mayormente escrita y muchos productos comerciales asociaban a su adquisición algún "regalo", en general bajo la forma de tarjetas que aportaban alguna información curiosa o relevante.

De esta forma los niños (y los no tan niños) se ilustraban sobre la existencia de las maravillas del mundo más allá de su cotidianidad.
Los temas de las tarjetas fueron variados; civilizaciones antiguas, árboles o montañas raras, uniformes militares, tipos de bicicletas, edificios típicos de cada país, animales exóticos, automóviles, grandes batallas, vestimenta típica de cada país, pinturas famosas, hazañas de Don Quijote, montañas famosas, etc.
Firmas famosas de todos los rubros utilizaron esta estrategia comercial. Nestlé, fábricas de tabacos, chocolates, galletitas, Liebig.
Posteriormente fueron genéricamente denominadas "tarjetas victorianas" en referencia a la época de auge. Aún hoy son objetos de colección.

La más prolífica de las compañías de fabricación de extracto de carne fue Liebig, pero hubo muchas otras que intentaron capitalizar su historia de éxito.
Uno de los mayores competidores de Liebig fue la firma **Cibils.**

BOUILLON *Cibils*

produit incomparable

exclusivement fabriqué dans les domaines de la Compagnie des Produits Cibils et avec son bétail à Descalvados (Amérique du Sud).

Le seul Bouillon Concentré qui, comme goût, arôme et couleur, soit meilleur que du consommé de viande fraîche.
S'emploie indistinctement dans l'eau chaude et dans l'eau froide.
Relève les Sauces, Ragoûts, Légumes etc.
Une cuillerée à potage donne un bol de Bouillon.
Un flacon contient la force nutritive de 5 kilogrammes de viande de première qualité. Ne vaise pas !

Le premier et le plus ancien des produits similaires.
Les plus hautes distinctions à toutes les expositions univer-selles depuis 1865.

Van Geetruyen & Cⁱᵉ, Anvers, Agents Généraux pour la vente en BELGIQUE et en HOLLANDE.

Serie sobre Don Quijote. Y reverso de una tarjeta

Al igual que Liebig, originalmente los Caldos Cibils comenzaron a emitir series de tarjetas que se compartieron con otras empresas, y luego pasaron a conjuntos únicos. Durante el período final produjeron una buena variedad de series que eran idénticas en tamaño y formato a las de Liebig.

La colección de "Caldos Cibils" suman decenas de series. Para su confección se contrataba artistas, muchos de ellos famosos ilustradores y se utilizaron sofisticadas técnicas de impresión (litografía de varios colores, denominada cromolitografía), que produjeron auténticas obras de arte en miniatura.

Dice Cheadle D. (1996) en un catálogo sobre estas tarjetas:
"Las tarjetas comerciales victorianas, o tarjetas comerciales publicitarias como se las suele llamar, datan principalmente de 1876 a 1900
Alrededor de 1800, Alois Senefelder ideó una técnica para dibujar imágenes en piedras cuidadosamente preparadas que podrían usarse como planchas de impresión. Debido a que las imágenes fueron dibujadas, en lugar de grabadas o grabadas en una placa de cobre, se pudieron producir detalles finos y colores sólidos de manera rápida y fácil. Las innovaciones posteriores hicieron que las impresiones a todo color fueran cada vez más simples utilizando tantas piedras como fuera necesario. Cada piedra aportó un color a cada impresión.
Las tarjetas comerciales de publicidad en color rara vez se producían antes de la Exposición del Centenario... (La Exposición Universal de Filadelfia de 1876 o Exposición del Centenario fue una exposición que celebró el 100º aniversario de la Declaración de Independencia de los Estados Unidos.)...
...En su mayor parte, los consumidores estaban muy sorprendidos y encantados de recibir tarjetas de color gratuitas en la Exposición en Filadelfia en 1876... En poco tiempo, casi todos los anunciantes serios comenzaron a ordenar tarjetas cromolitografiadas. Los anunciantes establecidos que cambiaron a las tarjetas de color, además de miles de empresas nuevas que ordenaron tarjetas para alertar a los consumidores sobre nuevos bienes y servicios, impulsaron y se pusieron en marcha la locura de las tarjetas victorianas hasta su final. "...
"Los años dorados de las tarjetas comerciales duraron desde 1876 hasta 1900. También se usaron folletos, carteles y anuncios en publicaciones durante este período, pero las tarjetas comerciales con cromolitografía gobernaron el día. Las tarjetas comerciales se hicieron tan populares y baratas que

algunas empresas comenzaron a distribuirlas por decenas de miles. Las tarjetas comerciales se enviaron por correo, se apilaron en pilas en los mostradores de las tiendas, se entregaron en las aceras, se rellenaron en paquetes y si se puede confiar en la imagen de una tarjeta comercial, se arrojaron como folletos de propaganda de la Segunda Guerra Mundial en las calles.

Serie sobre servicios postales en diversos países

...A mediados de la década de 1880, las cromolitografías (o "cromos", como solían llamarse) habían saturado la sociedad en todos los niveles. Las fotografías de época de las habitaciones victorianas documentan, por cierto, que se podían encontrar impresiones cromáticas y calendarios en todas partes, incluidas tarjetas comerciales publicitarias que estaban escondidas entre el cristal y los marcos de madera de los espejos de los dormitorios."

Serie sobre niños jugando

Los "Caldos Cibils" comprenden aproximadamente 50 series.
Se debe recordar también otros cromos del tamaño de una hoja de papel que se utilizaron para ser llenadas con el "MENU" del día en los restaurantes. Algo así como hojas membretadas con el logo de Caldos Cibils.

En varios sitios de antigüedades en internet es posible de encontrar estas series.

Serie sobre la semejanza de las mascotas con sus propietarios

(las tarjetas mostradas son propiedad del autor)

La poste dans l'Inde — *Cibils*

BOUILLON *Cibils*
produit incomparable
exclusivement fabriqué dans les domaines de la Compagnie des Produits Cibils et avec son bétail à Descalvados (Amérique du Sud).

Le seul Bouillon Concentré qui, comme goût, arôme et couleur, soit meilleur que du consommé de viande fraîche.

S'emploie indistinctement dans l'eau chaude et dans l'eau froide.

Relève les Sauces, Ragoûts, Légumes etc.

Une cuillerée à potage donne un bol de Bouillon.

Un flacon contient la force nutritive de 5 kilogrammes de viande de première qualité. Ne salez pas!

Le premier et le plus ancien des produits similaires.

Les plus hautes distinctions à toutes les expositions universelles depuis 1883.

Van Geetruyen & Cie, Anvers, Agents Généraux pour la vente en BELGIQUE et en HOLLANDE.

Cromo membretado para escribir el MENU

XIV. BIBLIOGRAFIA

ACADEMIA URUGUAYA DE HISTORIA MARITIMA Y FLUVIAL, http://www.histarmar.com.ar/AcademiaUruguayaMyFl/00-Indice.htm

ACEVEDO E. (1933) Anales Históricos del Uruguay, Tomos 2, 3, 4, 5. Barreiro y Ramos. Montevideo

ACOSTA QUEIROLO Osvaldo Javier, (2018), Descendientes de Esteves Sivils. Artículo. Producido por Legacy. Paraguay.

ANALES DE LA UNIVERSIDAD (1934), Entrega N°133. Barreiro y Ramos. Montevideo

ANTEM Joan Manuel. (2020) SitioWeb: http://www.genealogia-antembardera.net/Sibils1.htm

ARDAO A. CASTRO J., (1971), 1875-1935, Sesenta años de revolución, Vida de Basilio Muñoz. Cuadernos de Marcha, Num. 56.

AROSTEGUY A. (1889) La revolución oriental de 1870. Felix Lajouane Eds. BsAs.

BARRAN J.P. EL Uruguay pastoril y caudillesco de la primera mitad del siglo XIX, http://www.rau.edu.uy/uruguay/historia/Uy.hist2.htm

BARRETO. Orozimbo Nunes. (1891) Breve noticia sobre a grande propriedade do Descalvado no Estado do Matto Grosso. DIÁRIO DE NOTICIAS. Rio de Janeiro

BERRO ROVIRA G., Exégesis médico legal de la herida, enfermedad y muerte del Capitán General Máximo Santos, a 130 años de su muerte. Monografía. No publicada.

BLIXEN S., (1905). Sangre de hermanos, crónica completa de los sucesos militares y políticos durante la revolución de 1904. Barreiro y Ramos Eds.

BURMEISTER H. (1944) Viaje por los estados del Plata con referencia especial a la constitución física y al estado de cultura de la República Argentina realizado en los años 1857.1858.1859 y 1860. Buenos Aires, Unión Germana en la Argentina, T. 3, p. 85

CARAS Y CARETAS, (1903, etc.) Revista, Buenos Aires, Hemeroteca Digital, Biblioteca Nacional de España

CASAL J.M. (2015), La interpretación dominante en Uruguay sobre los orígenes de la Guerra de la Triple Alianza. DIALOGOS v19.N°3 929-953

CATALUNYA I ULTRAMAR, (1996) Exposición. Poder i negoci a les colónies españoles. Museo Maritimo de Barcelona, Catálogo. Ambits Seveis Eds.

CHEADLE D. (1996), Victorian Trade Cards. Historical reference and value guide. Schroeder Publishing Co.US

CIBILS Luis Alberto. (1988) Notas familiares, Grafica da UFRGS

CIURANS I VINYETA Xavier (2014), Rere les passes dels Patxot La història de tres Rafaels (1802-1964), Fundació Privada Betània Patmos Barcelona

DE SALAZAR Y GARAIGORTA J., (1896) Acaecimientos de un Diario de Navegación. San Sebastián.

EL BANCO COMERCIAL A TRAVES DE UN SIGLO,1857-1957. (1957) Colombino Hnos., Publicación del Banco Comercial.

ERAUSQUIN D. (1891) El gobierno de don Bernardo P. Berro. Adriano Migone, Eds., Montevideo

FAZENDA DESCALVADOS 1881. (2000). Folleto de la Secretaria Municipal de Medio Ambiente y Turismo. Cáceres. Mato Grosso. Comunicación personal y fotos. Sra. Martha Rita Baptista.

FERNANDEZ SALDAÑA J., (1945) Diccionario Uruguayo de Biografías 1810-1940, Editorial Amerindia, Montevideo.

FERNANDEZ SALDAÑA J. Los emigrados de 1865 en el Paraguay. Suplementos de El Día. Montevideo.

FERREIRA M. (1920) Memorias. Imprenta Renacimiento, Montevideo

GARCIA LOPEZ R. (2018) La vida cotidiana en las guerras civiles de Aparicio Saravia de 1897 y 1904. Trabajo final de seminario taller de historia del Uruguay 1830-1930. Sin publicar

GOLDARACENA R. (1976) El libro de los linajes. Familias históricas uruguayas del siglo XIX, Ed. ARCA, Montevideo Uruguay

MACHADO C., (1973) Historia de los Orientales. Ed. Banda Oriental

MARAN J., Historia y arqueología marítima. Sitio web.
https://www.histarmar.com.ar/AcademiaUruguayaMyFl/2003/DiqueArmada.htm

MARIANI A., (2004) Los extranjeros y el alto comercio: un estudio de caso: Jaime Cibils i Puig (1831-1888) Universidad de la República, Facultad de Humanidades y Ciencias de la Educación, Departamento de Publicaciones

MARIANI A. (2003) Una aventura industrial, los negocios de estancia y saladero de Jaime Cibils Buxareo en Mato Grosso, Asociación Uruguaya de Historia Económica (AUDHE)Terceras Jornadas de Historia Económica Montevideo, 9 al 11 de julio de 2003

MARIANI A., (1968) Principistas y doctores. Enciclopedia Uruguaya, Cap. 21, Ed. ARCA.Montevideo

MONEGAL J. (1942) Vida de Aparicio Saravia. Monteverde y Cia. Eds. Montevideo

MONTERO ZORRILA P., (1988) Montevideo y sus teatros. Linardi y Risso Eds. y Monte Sexto Eds.

MONTEVIDEO COMICO (1895) Revista N° 22, del 2 de Junio 1895 Montevideo

NICOLÓN J.L. (2017) Bicentenario de la Armada Nacional. República Oriental del Uruguay, 2017-1817. Mosca Hnos. Eds. Montevideo

PARPAGNOLI F., (1969) Los retratistas del país. Enciclopedia Uruguaya Tomo 33

PEREIRA A. (1891) Recuerdos de mi tiempo. Imprenta El siglo ilustrado,

PONCE DE LEON L.R.,(1956) Aparicio Saravia, Héroe de la libertad electoral. Barreiro y Ramos, Montevideo

LA PAZ DE ABRIL DE 1872 y el reencuentro del Partido Nacional con sus tradiciones ideológicas. Biblioteca Por la Patria. (1973) Montevideo

LOCKHART W. (1969) Saravia: El fin de las guerras Civiles. Enciclopedia Uruguaya tomo 30

LOCKHART W. (1968) Las guerras civiles. Enciclopedia Uruguaya Tomo 19

NAHUM B., (1995) Historia del Uruguay, 1830-1903. Banda Oriental. Montevideo

PLATT L., (1997) Hispanic Surnames and Family History. Genealogical Publishing Co.Baltimore

QUIEN ES QUIEN EN EL PARAGUAY (1945) Editorial Monte Domecq

RAHI A.(1997). La moneda y los bancos en el Paraguay. Ediciones Comuneros. Paraguay

RIBEIRO ANA. (2011) Aire libre y carne gorda. Aparicio Saravia 1897.3ra edición. Ed.Planeta, Montevideo Uruguay

RICHIERI A. (1981) Los Cibils en el Rio de la Plata. Boletín del Instituto Argentino de Ciencias Genealógicas, Tomo VIII, Nº 114, 115 y 116 entre diciembre de 1981 a mayo 1982)

ROJO Y BLANCO. (1900) Revista. Montevideo. N°24, Dornaleche y Reyes Eds.

ROSSI ROMULO, (1922) Recuerdos de Antaño, Tomo 1, Peña Hnos. Impresores

ROSSI ROMULO (1926) Hombres y anécdotas. Peña Hnos. Impresores. Montevideo

SARAVIA GARCIA Nepomuceno (1956) Memorias de Aparicio Saravia. Editorial Medina.Montevideo

SAVIO da Cunha García D., (2005) A tentativa de compra de Descalvados en 1892: un ejemplo de actuación especulativa de Rui Barbosa y Quintino Bocaiuba durante el encerramiento. UNEMAT. ANPUH – XXIII Simposio Nacional de Historia – Londrina.

SAVIO da Cunha García D., Descalvados: una fábrica en la frontera oeste de Brasil (1881-1890)

SCARONE A. (1956), Efemérides Uruguayas, Instituto Histórico y Geográfico del Uruguay, 1956

SCRIB , http: pt.scrib.com/document/357990282/Cibils

VIANA J. de, (1904) Con la Divisa Blanca. 2da, Edicion. Vicente Matera BsAs y Antonio Angeli, Montevideo Eds.

VILA I GALI A., (1989) Navegants i Mercaders. A nisaga marinera de Lloret. Publicación N°4 del Club Marina "Casinet" Arts Grafiques Cantalozella, La Selva, Barcelona

WHIGHAM T. (2011) La guerra de la Triple Alianza. Taurus.Eds. Paraguay

YAÑEZ GALLARDO C., (1996) Saltar con Red. Ed. Alianza Americana, Madrid, España

YAÑEZ Cesar, (1992) "Sortir de casa per anar en casa". Coleccion Estudis Guixolencs. Ayuntamiento de Sant Feliu de Guixols. España

YAÑEZ C. (2006) Los negocios ultramarinos de una burguesía cosmopolita. Los catalanes en las primeras fases de la globalización 1750-1914. Revista de Indias, vol. LXVI No. 238

YAÑEZ C. (1991) La emigración catalana a América. Una visión de largo plazo. En: La Emigración española a ultramar 1492-1914. A.Eiras Roel, Tabapress Eds.

XV. ANEXOS

ANEXO # 1 RAMAS de los hermanos CIBILS SILVEIRA

ARBOL DE **WASHINGTON CIBILS SILVEIRA**   1891-1927

Washington CIBILS Silveira (mi abuelo) nacido el 4-3-1891 se casó María Blanca MUAPE Bálsamo en día 24-6-1915 en "Santa Isabel" (actual Paso de los Toros). Sus hijos fueron:

José Fco. Cibils Muape nació el 17-9-1917 que se casó con Leony Ferrari Galán y tuvieron tres hijos;
> Enrique José Cibils Ferrari se casó con Silvia Fernández, tuvo a:
> > Federico Cibils Fernández
> > Gonzalo Cibils Fernández se casó con Tania Chacon Blanc
> > Agustina Cibils Chacon
> Daniel M. Cibils Ferrari se casó con Carmen Rovira Escofet: 2 hijos
> > Santiago Cibils Rovira se casó con Maira Malán Carrera y tuvo a:
> > Julián A. Cibils Malán
> > Lucia Cibils Rovira se casó con Mauricio Toledo Nuñez:
> > Facundo Toledo Cibils
> > Agustina Toledo Cibils
> María Mercedes Cibils Ferrari 9-1-53 se casó con Santiago Da Rosa Ferreira, tuvo a
> > Rodrigo Da Rosa Cibils 16-9-89

Washington Marcelino Cibils Muape 18-6-1920
> Se caso con Alicia Carmichael y no tuvieron hijos
> Se caso con Lilian Scavino y tuvieron:
> > Eduardo Cibils Scavino (fallecido)

Manuel E. Cibils Muape 13-12-1921 murió de niño
Violeta Blanca Cibils Muape 15-6-1924, murió de niña
Carlos Emilio Cibils Muape, 5-4-1926, no tuvo hijos

ARBOL DE MANUEL DIONISIO CIBILS SILVEIRA

Casado con Fernanda TOYA 1870-1966

Manuel Alejo CIBILS 1892-1978 (ver anexo#3)
Con Nicolasa AQUINO
Julio Raúl CIBILS 1917-1991
América CIBILS
Con Isolina SAN MARTIN
Nilda Zoraida CIBILS 1918-1995
Nidia Zulema CIBILS 1922-2011
Con Carmen SACCARELLO ROLON 1903-1997
Luis María CIBILS 1924-1924
Manuel Jesús "Tachín" CIBILS 1925-1984
Luis Angel CIBILS 1927
Blanca Noemí CIBILS 1927-1944
Antonio CIBILS 1928-1928
Maria Carmen CIBILS 1929
Fernando José "Coco" CIBILS 1931
Cesar Augusto CIBILS 1933
Mario Ruben CIBILS 1935
Teresita Del Niño Jesús CIBILS de Bell, 1936
Ramona CIBILS 1939-1939

Fernando CIBILS 1893-1979 con Porfiria ARECO
Amanda CIBILS †1943
Silvio CIBILS
Ismael CIBILS 1928-1994
María Nilda "Chuiti" CIBILS 1931-2003
      con Lorenza ESPINOLA
Maria Trecia CIBILS
Migdonio CIBILS
Fernando CIBILS †1954
Hilda Nelly CIBILS
Armindo José CIBILS
Margarita Lucila CIBILS 1942

Oribe CIBILS 1894-1989 con Adela RAMIREZ
Venus Margarita CIBILS 1935-1958

Beltrán "Chito" CIBILS
Emma CIBILS
Arsenio CIBILS
Miguel Angel CIBILS
Yolanda CIBILS
     Dolores "Lolita"
Iván CIBILS
Hernán CIBILS
Hugo CIBILS
Darío CIBILS
  con Victorina ROMERO
Américo CIBILS
  con Juanita ESCOBAR
Enzo CIBILS
Gregorio CIBILS

Diógenes CIBILS 1895-1979 con Oliva BENITEZ con
  Noel CIBILS †2004
  Elba CIBILS
  Diógenes Nelson CIBILS
  Carlos "Cachito" CIBILS
  Emelina CIBILS
  José CIBILS
     con Manuela DAVALOS
  Denis CIBILS 1921
  Cenis CIBILS

  Aladino CIBILS
  Adalides CIBILS

Selva CIBILS 1898-1935 con Salvador QUEIROLO
  Javier QUEIROLO
  Olga QUEIROLO
  Zeneida QUEIROLO
  Diego QUEIROLO
     con Felix VELAZQUEZ
  Diego VELAZQUEZ
  María Felicitas VELAZQUEZ

Casado con Melchora RODRIGUEZ
Heriberto CIBILS
"Chiquito" CIBILS
Dora CIBILS

Casado con Polonia MENDEZ
Polonio CIBILS 1899-1984
ARBOL DE TORIBIO CIBILS SILVEIRA
con María Victoria LOPEZ

Liropela Macedonia "Lira" CIBILS 1900-
María Victoria CIBILS 1902
Rodolfo Edelmiro CIBILS 1904
Zoraida Emilia CIBILS 1905
Cesar CIBILS 1906
Marlos Alberto CIBILS 1908
Dimas CIBILS 1913
Julio Omar CIBILS 1915-1987
Edelmiro Clatino CIBILS 1916
Alba Argentina CIBILS 1920

ARBOL DE CARLOS COLON CIBILS SILVEIRA

con Celedonia BAEZ.
    Aurora CIBILS Báez
    Edelmiro Argentino CIBILS Báez
    Carlos Celiar CIBILS Báez
    Celedonia Libertad CIBILSs Báez
    Aide CIBILS Báez

con Maria de la Cruz BANEGAS
    Manuela CIBILS Benegas
    Belgrano Manuel CIBILS Benegas
    María Josefa CIBILS Benegas

con Macedonia PAIVA
    Ema CIBILS Paiva

ARBOL DE VENUS MARGARITA CIBILS SILVEIRA

Casada con Manuel RIVERO Y HORNOS (vivió en Bs.As.)

Manuel RIVERO Y HORNOS 1908
María Del Carmen "Camucha" RIVERO Y HORNOS 1914
María Josefina RIVERO Y HORNOS 1917
Manuela "Mangacha" RIVERO Y HORNOS
Federico RIVERO Y HORNOS
Miguel RIVERO Y HORNOS
Joaquina RIVERO Y HORNOS
Margarita RIVERO Y HORNOS 1906-
Susana RIVERO Y HORNOS

ARBOL DE MARIA JOSEFA CIBILS SILVEIRA

Casada con Raúl Albertino SILVA LEITE

Amelia SILVA CIBILS 1903
   Casada con Eugenio ENCISO con
   "Poroto" ENCISO
   "Mami" ENCISO
   "Papi" ENCISO †1947

Violeta Victoria SILVA CIBILS 1905
   Casada en 1935 con Humberto AMABILE 1898-1973
      Graciela María AMABILE CIBILS 1936 Casada con
      Antonio VAZQUEZ 1936-1994
         Gabriel Gustavo VAZQUEZ AMABILE 1967
         María Eugenia VAZQUEZ AMABILE 1970
      Humberto AMABILE CIBILS 1937-1998

Raul SILVA CIBILS 1911
   Casado con Telma Graciela CANEPA MADERNA
   Raul " Cartucho" SILVA CANEPA
   Silvia Graciela " Pelusa" SILVA CANEPA

Alicia SILVA CIBILS falleció de niña

ARBOL DE ARTIGAS CIBILS SILVEIRA
con Herminia BAEZ

Atlantida "Alan" CIBILS 1915
Mquiles CIBILS 1920-2003
Célica CIBILS 1921
Fulma Blanca "Chula" CIBILS 1925
Amilcar "Gringo" CIBILS 1927
Milka Ivonne "Moñi" CIBILS
Minerva Joaquina CIBILS
Arquimedes "Nene" CIBILS
Irma CIBILS

ARBOL DE LAVALLEJA CIBILS SILVEIRA
Casado con Cilda COLINA con

Ariel CIBILS

Bolivar CIBILS con Margarita BARCELO
    María Elizabeth CIBILS
    Bolivar Edelmiro CIBILS
    Clara Susana CIBILS
    Washington Carlos CIBILS
    Oscar Alberto CIBILS
    Cilda Graciela CIBILS
    Miguel Alfredo CIBILS
    Margarita Raquel CIBILS
    Maria Rosario CIBILS
    Fátima Adriana CIBILS
    Ariel Enrique CIBILS
    Victor Manuel CIBILS

Iberia América CIBILS con Walter Oribe WOJCIECHOWSKY
    Iliana WOJCIECHOWSKY
    Walter Mario Ramón "Gogo" WOJCIECHOWSKY
    María Iberia WOJCIECHOWSKY
    Gianella María de Fátima WOJCIECHOWSKY
        Con Giulio
            Ma.Noel Giulio Wocjiechowsky

ANEXO #2   RAMAS de los Hermanos CIBILS PUIG

JAIME CIBILS PUIG Y Plácida BUXAREO

Jaime Felix Pedro CIBILS 1838-1907 y Florentina de las Carreras, no tuvieron hijos

Federico Agustín Segundo CIBILS 1839-1899 y Josefa Larravide Hines
> Josefa CIBILS Larravide con Eduardo Brito del Pino
> Felicia CIBILS Larravide murió soltera
> Maria del Carmen CIBILS Larravide, murió soltera
> Alfredo CIBILS Larravide Murió soltero
> Mario CIBILS Larravide con María Piñeyro Pereira
> Federico CIBILS Larravide con Elisa Castellanos Arteaga
> Jaime CIBILS Larravide con Maria I. Hamilton Callorda
> José Pedro CIBILS Larravide con Elvira Puig Mathó
> Norberto CIBILS Larravide con María E. Salvañach Perez
> Maria de las Mercedes CIBILS Larravide
> con Daniel Castellanos Arteaga

Placida Francisca Nieves CIBILS 1841-1899 con Julio Navia Duran

Petrona CIBILS 1843-1907 con Juan D. Jackson Errazquin

Mariana CIBILS 1846-1937 con Francisco Gomez Brito

Elvira Jacoba Luz CIBILS 1848-1900 con Antonio Serratosa

Clara Luz CIBILS 1850-1916 con Victor Las Cazes Bonilla

Sofia Celestina CIBILS 1852-1885 con Ricardo Gomez Brito

Ricardo CIBILS 1857-1895 con Alcira Lorenzo y Losada, sin hijos

Mario CIBILS 1860-1916 con Juana Garay Gonzalez

María Florentina CIBILS 1863-1959 con Alberto Gomez Folle

Alberto Carlos CIBILS 1864-1944 con Ella Hill Castilla

Felix Julio CIBILS murió soltero

AGUSTIN CIBILS PUIG Y Felicia BUXAREO

Felicia Petrona Vicenta CIBILS 1838-
Beatriz Placida Eufemia CIBILS 1840-
Carmen Felicia Francisca CIBILS 1845-
Maria Beatriz CIBILS
Agustín CIBILS

JOSE MARIA CIBILS PUIG Y Carmen BUXAREO con Martina DOUSSINAGUE
No tuvieron hijos

FEDERICO CIBILS PUIG Y con Margarita BUXAREO

Margarita Petrona Pascasia CIBILS 1850-1917
Federico Rodrigo Isidro CIBILS 1854-1913
Enrique Gustavo Eusebio CIBILS 1855-
Hernán Gonzalo Claudio CIBILS 1866-

BEATRIZ CIBILS PUIG y Rafael PATXOT
María Anna PATXOT 1835-

FRANCISCO CIBILS PUIG y MARIA CIBILS PUIG
No tuvieron hijos

ANEXO #3: Recuerdo de Manuel Alejo CIBILS TOYA 1892-1978

Extractamos de: Quién es quién en Paraguay (1945)

CIBILS TOYA, MANUEL. — Hacendado, obrajero e industrial.

Nació en Chileno Grande, República del Uruguay.

Hijo de don Manuel D. Cibils y de doña Fernanda Toya. Casado con Carmen Sacarello. Hijos: Manuel Jesús, Luis Angel, María Carmen, Fernando José, César Augusto, Mario Rubén y Teresa del Niño Jesús.

Actuación: Desde muy joven se dedicó a las faenas rurales.

Titular de la firma: Manuel T. Cibils. Propietario en Coronel Bogado, y en Santa Rosa. Campos: Estancia "La Blanca", de 2600 hectáreas, dividida en cinco potreros, con aguadas naturales.

Clubs: Benefactor de varios clubs sociales, deportivos y de instituciones religiosas.

Observaciones: Durante la guerra del Chaco formó parte de la Legión Civil Extranjera y encargado de dar impulso a los cultivos en general, en la zona. Contribuyó con ganados vacuno, caballar y colecta pro-fusil, para la defensa nacional. Fundó su industria maderera en 1938. Componentes de la firma: M. T. Cibils y Adolfo Oddone. Ramos: Obrajes, plantaciones de arroz y explotación de madera. Bancos: Nación Argentina, Londres y Agrícola del Paraguay.

Escritorio: Coronel Bogado y estancia "La Blanca", Dto. Coronel Bogado.

M
A
N
U
E
L
T.

Cerca de la estancia "La Blanca" residencia del señor Cibils, de modernísima construcción, dotada de aguas corrientes, luz eléctrica y departamento para huéspedes.

ESTANCIA "LA BLANCA" de 2.600 Hectáreas

HACIENDA DE CRIA

INVERNADAS CAMPOS DE PASTOREO

PLANTACIONES DE ARROZ

EXPLOTACION DE BOSQUES

Parral que circunda el edificio.

Un lote de vacas Aberdan Angus.

C
I
B
I
L
S

ASERRADERO A VAPOR
en la Estación Coronel Bogado
Tablones, Tirantillos, Varillas, Etc.
EXPORTACION DE MADERAS
Componentes de la firma:
MANUEL T. CIBILS y ADOLFO ODDONE

Un interior del aserradero.

Una de las sierras aserradoras gigantes del establecimiento.

ESCRITORIO: CORONEL BOGADO

ANEXO #4   ARBOL DE DOROTHEA CIBILS I MARTI

Casada el 6 de mayo 1810, San Feliú de Guixols, con **Anton ROMAGUERA**

Jaime Joseph Anton ROMAGUERA CIBILS 1811-
(emigró al inicio a Montevideo con sus primos Cibils Puig)

José ROMAGUERA CIBILS X-1904

Rosa ROMAGUERA CIBILS 1834-1906

António ROMAGUERA CIBILS

Dorothea Teresa Vicenta ROMAGUERA CIBILS

Ana María Florentina ROMAGUERA CIBILS

Manuela da Camara Falcao aportó esta información de los Romaguera y Cibils:

*Anton Romaguera Thomas (Dom Antonio Romaguera nos registos brasileiros), natural de Sant Felíu de Guixols, Girona, Catalunha, Espanha, nascido em 1790 e falecido no dia 10/08/1845. Casou-se em 06/05/1810, na Igreja do Mosteiro de São Bento, em Sant Felíu de Guixols, com **Dorothea Cibils y Marti** (Dorothea Romaguera, de casada - nos registos brasileiros), também natural de Sant Felíu de Guixols, Girona, Catalunha, Espanha, nascida em 1792 e falecida no dia 11/05/1873, filha de Jaime Juan José Cibils Trebul (*1756) e D. Clara Marti y Serratella.*

A quase totalidade dos Romaguera que viveram ou vivem por todo o Brasil, (do segundo quartel dos anos de 1800 ao início dos anos 2000, descendem de Anton Romaguera Thomas e Dorothea Cibils y Marti, alguns deles vindos dos Romaguera que antes se radicaram no Uruguai e na Argentina.

-Jaime Joseph Anton Romaguera y Cibils. (*1810 +1889) Ramos na Argentina, na Espanha e no Brasil

-José Romaguera y Cibils. (+23/03/1904). Ramos no Brasil e Chile.

-Rosa Romaguera y Cibils. (*1826 +1884). Ramos em Portugal.

-Antonio Romaguera y Cibils. (*1828 +1868). Ramo extinto.

-Dorothea Teresa Vicenta Romaguera y Cibils.(+1830). Ramo extinto.

-Anna Maria Florentina Romaguera y Cibils. (*1836 +1872). Ramo extinto.

(EMAILS genealógicos)…
En 2004, grace a les ordinateurs et surtout au Google, j'ai découvert dans le site du Dr. Daniel Cibils, le nom de l'Avi Rosa parmi ses trois frères (Jayme, Jose et António) et deux soeurs (Dorothea Teresa Vicenta et Ana Maria Florentina). Je lui ai écrit en disant nous somme biens vivants les Romaguera y Cibils du Portugal (tous à Lisbonne). Il a écrit un email à Carlos Biscay, à Buenos Aires, marié avec Silvia Cibils, racontant cette nouvelle stupéfiante; un tsunami à Montevideo et à Buenos Aires.
Il me manquait trouver les Romaguera, aprés les Cibils. Ainsi en 2006, j'ai connu, grace aux sites de généalogies du Google, Jaime Maruny, des Romaguera encore vivant à Barcelona et à Saint Felíu de Guixols (pendant les vacances). Il est le premier à venir à Lisbonne et a nous connaitre. On a célébré l'anniversaire de ma Mère le 23 Avril et de Jaime le 24 Avril, chez Maman avec deux jolies gateaux et ses chandelles et photos.
En 2007, j'ai trouvé, dans le site Geneanet, Carlos Joost-Newbery, le descendant à Buenos Aires du frère ainé de Rosa, Jaime Romaguera y Cibils, celui qui a parti de Marseille, en 1813, pour l'Uruguay avec son cousin germain Jaime Cibils y Puig (Papa Jaime de Montevideo). Il a fait le même parcours que moi de l'autre coté de l'Atlantique, il demandait a son Grand Oncle José Romaguera des renseignements sur les autres branches de la Famille au Brésil et au Portugal. Il est déjà venu nous voir à Lisbonne et après raconter les bonne nouvelles à sa Famille et à Carlos Biscay en Argentina.

Il me manquait savoir les parents de Eduardo Romaguera y del Alizal pour finir la Saga. Je voulais avoir la certitude qu'il était le fils de Antonio Romaguera y Cibils et de D.Margarita del Alizal y de las Carreras.

En 2014, encore à travers Google, j'ai trouvé la Fondation de la veuve de Eduardo Romaguera, D.Concepció Rabell y Cibils, criée grace à son beau frère Rafael Patxot y Jubert, ainsi comme les commémorations en Catalunya du 50 ème aniversaire de sa mort; un grand et bien merité homage.

ANEXO # 5
CARTA DE JAUME CIBILS MARTI a su hijo JAIME CIBILS PUIG
(traducción de Joan M. Antem)

Jaume Cibils   En Tarragona
St. Feliu de Guixols   4 de Diciembre de 1830

Querido hijo: acaba de darme una pequeña cartita el amigo Rofi que según me ha dicho ha recibido carta tuya, pues te quejas de que no has recibido carta mía, donde te tengo escrito el último correo acompañándote una carta de tu hermano Francisco y otra del amigo Vidal hijo; igualmente ahora te acompaño otra de tu hermano Francisco, así verás que el amigo Calvet ha comprado un bergantín construido en el norte de Francia; todo esto será llevar corderos al degolladero.
Por el correo de hoy tu tío Romaguera el casado con Dorotea Cibils Martí ha tenido una carta de mi hermano desde Montevideo fecha 28 de agosto último, donde le pide algunas frioleras que ahora es imposible enviarles del modo en que os encontráis; también dice que os está esperando con gran anhelo y que este año no ha sido la cosa tan mal, que a pesar de no tener la casa surtida de los géneros como la tiene actualmente, no ha dejado de ganar sobre los 3000 duros; en fin el desea venir luego que vosotros lleguéis allí, a buscar la familia y arreglar sus cosas de modo que también habla de su familia si vosotros no estáis fuera, que vaya con vosotros, pero lo mejor es que él la venga a buscar y arreglaría sus asuntos.
Yo considero, si viene el caso que tenga la familia allí, no conviene estar asociado con él por lo mal que tiene los dedos agujereados tu tía Borres(°) y después son genio y vanagloria; esto es sólo una prevención para cuando Dios quiera llegue el caso.
Todos nosotros disfrutamos de perfecta salud gracias al Señor, deseando que la tuya y de mi sobrino Juametó (Jaimito) siga lo mismo.
Puedes suponer el sentimiento de todos en general por tu separación hasta saber tu feliz llegada al paraje destinado, deseándote todos en general todas las prosperidades por tu bien y la demás amable familia.
Te repito que no tengo expresión para poderte decir las cosas con presiones tanto del mayor al más pequeño en nombrarte uno y otro. Dispone de tu padre que te ama de veras, como tú lo ignoras, deseándote no solamente conservar lo presente sino aumentar todo cuanto me sea posible por tu bien.
Es todo lo que debo manifestarte..?
Jaume Cibils
PD. Te estimaré me digas a quién fue entregada la capa que te llevaste, por ignorar su paradero; todo lo escribo con mucha prisa por escaparseme el correo. Tuyo.

(°)"Borres" era un mote que tenían los Calvet en Sant Feliú

....

ALFERECES DE NAVIO

Matrícula 63   **MANUEL E. CIBILS**

NAC. 13-7-1842

ANTIGÜEDAD 3-11-1914

....

(sin fecha)   SE DEDUCE EL AÑO : 1865

Exmo Sr.

El abajo firmado habiendo estado ausente del país y no habiéndose presentado por el decreto anterior al del 23 de Agosto p.pasado por circunstancias agravantes , lo hace hoy ciñéndome al decreto ultimo el cual da de
plazo 30 dias para presentarse los jefes y oficiales que con fecha 19 de febrero fueron dados de baja.

Por lo tanto solicita de la …… de V.E. se sirva mirar en consideración lo
expuesto y lo haga reconocer en su grado de Teniente 1° de la Marina de
Guerra…………según lo atestiguare……..sino…….

Con lo expuesto el firmante aprovecha esta oportunidad para reiterar a
V.E. los afectos de su mas alta consideración

(Abreviaturas de cortesía)

Manuel E. Cibils

....

Mnisterio de Guerra y Marina Montevideo Octubre 12, 868

Informo al E.M. General si el ocurrente ha figurado en las listas del Ejercito
y en que grado

E.Caballero

....

Estado Mayor General

Exmo. Sr.

Evacuando el informe que Ud. tuvo a bien pedir a esta oficina con fecha 12 del corriente, debo decir que el suplicante revistó en las listas del Ejercito hasta el año 64 en la clase de Teniente 1° de Marina y que el 20 de febrero de 1865 salió del país no concurriendo al llamado de este E.M.Gral.de fecha 9 de marzo del mismo año ni al de la Comisión Clasificadora que se formó para dar de alta a los Jefes y oficiales del Ejército de Línea que funcionó por espacio de 6 a 8 meses.

Esto es todo lo que esta Oficina puede decir ese respecto Mdeo. Oct. 13 de 1868

José Maria Sobrone

....

El resto del legajo es referente a trámites del retiro

ANEXO #7   CARTAS FAMILIARES

Ayuntamiento de Barcelona, 10-9-1917

Sr. D. Manuel Cibils y Calvet
Paso de los Toros (Uruguay)

Querido tío : Con la natural emoción he leído su cariñosa carta del 21 del pasado agosto recibida con muchísimo retraso por varias circunstancias. Conste en primer lugar que su nombre y figura me eran conocidos de mucho tiempo.

Pepe ……………..está al frente de la finca que adquirió nuestro buen padre, él es casado y con 7 hijos 3 varones y 4 hembras y me parece que todavía tienen proyectos de aumentar la familia !

Mis hermanas Teresa, Josefina y Jesusita imitan mi ejemplo, pero ya ven Uds. que el nombre de Calvet no es fácil que se extinga.

Siento en el alma que no puede Ud. leerme directamente pero siempre es un consuelo el tener una compañera tan buena y llena de………….

……………………………………………………………………………
…………………………………………..decido a pasar el charco yo lo…………………………..

Mientras no se acabe esta maldita guerra no pienso…..
En cuanto a nuestros retratos se los enviaré en otro correo : el mío es ya muy antiguo y debo retratarme de nuevo puesto que ya no soy un pollo como le parecería si les mandara el antiguo.

Tengo hoy 51 años cumplidos, soy soltero y me parece que no es fácil que cambie de estado !

No soy rico, vivo de mi trabajo y del sueldo (bastante escaso) que me da el Ayuntamiento .

Mi hermana me ha hablado tantas veces de Ud………………..el retrato que me han enviado es uno igual al que figura en el album de nuestra familia, así como otros : uno de su papá Don José Cibils y Martí con su hijo Adolfo (dedicado a mamá (q.e.p.d.)
Otro de su mamá Da. María Calvet con su hijo Floro. Además, guardo entre la correspondencia de papá varias cartas de Ud, de aquellos tiempos que hacían negocios marítimos y otros de su buen padre (q.e.p.d.) Don José.

Siento que cuando el viaje de mi hermana Jesusita con Conchita Rabell no tuviesen ocasión ni tiempo de conocerles a Uds.

Si un día................abnegación para Ud. como es su buena esposa, mi tía (....) y verse rodeado y estimado por una numerosa descendencia.

Cuando gracias a los esfuerzos de toda la gente de buena voluntad del mundo se acabe el militarismo y despotismo del Kayser (que Dios confunda) y se acabe la guerra, pienso hacer un viaje a los Estados Unidos y los asuntos que allí tengo me han salido bien tendré el gusto de abrazarles personalmente, deseándoles entretanto un buen pasar, buena salud y prosperidad en los negocios.

En mi próxima irán los retratos. Entretanto le saluda respetuosamente, así como a su buena esposa que le leerá estos renglones, su sobrino

Rafael Calvet y Patxot
Director de la Sección Química del
Laboratorio Municipal de Barcelona

Barcelona, 12 de mayo de 1917

Sr. D. Manuel Cibils y Calvet
Paso de los Toros

Muy señor mío y pariente: No recuerdo haber oído hablar a mis padres de usted en particular, pero sí de mis tíos de Montevideo.

No encontrará extraño que yo no me entienda bien con el gran número de parientes auténticos y apócrifos que me han escrito de varias partes del mundo y si le he escrito alguna carta ha hecho bien de escribir de nuevo y explicarme todas las intimidades de manera que con la última veo que usted es y ha vivido con mi familia.

Mi padre Rafael Rabell murió el 12 de diciembre de 1912 y dejó dos hijas Luisa y yo. Al morir nos dejó un gran patrimonio no solo en dinero sino en buenos ejemplos. Siempre lo recordamos sus últimos años los pasó en Pedralbes ocupándose solo en hacer el bien y murió la muerte de los justos. Nuestra santa madre murió hace 16 años. Qué recuerdos tan tiernos para mí. La mayor dicha para una criatura es poder decir: mis padres y mi esposo han sido un dechado de todas las virtudes.

Emilio Calvet y Sofía Patxot mis primos, murieron primero Emilio y después Sofía, dejaron dos varones y tres mujeres; solo se ha casado el menor llamado José María; otro llamado Rafael es Director del Laboratorio Químico Municipal de Barcelona y es el solo que vive en la Ciudad Condal. El resto de sus hijos viven en un pueblecito de la Provincia de Lérida llamado Bellvis, en donde tienen propiedades agrícolas. Tienen una pequeña fortuna de cuya renta viven.

Los hijos de D. Felipe Oribe: solo viven dos hijas llamadas Mercedes y Pepina, los demás murieron. Están en regular posesión. Hace tres años murió Conchita Oribe ha dejado dos hijos: María e Ignacio, son mayores de edad. María es madre de familia.

Pienso volver a la Argentina y si Dios me lo concede haré un esfuerzo para visitarlos a usted y esposa como a sus hijos; esperando este día recibirán los saludos afectuosos de su parienta

Concepción Rabell vda. De Romaguera

P.S.; Sírvase decirme quién es Adolfo Cibils Calvet, de Rosario, a quien yo le escribí en 26 de agosto de 1915 contestándole una carta que me dirigió. Vale

ENCUENTROS ALREDEDOR DE LA HISTORIA FAMILIAR

Encuentro Sibils -Cibils, Sant Feliú Guixols, año 2000
Atrás: José Sibils Ensesa, Daniel M. Cibils. Adelante al centro, Teresita
Cibils de Bell junto a las hijas y tía de José Sibils Ensesa

C.Biscay, D.Cibils, Ma.Teresa Cibils, C. Rovira de Cibils y
A. Rodriguez Larreta. Punta del Este.

La Cibilada de 2006
Foto en el "MAS SIBILS" en Fornells de la Selva
Los hermanos Cibils Saccarello y familia

Grabado en el dintel, "Jauma Sibils me fesit. JHS 1665"
(Jaime Sibils me hizo)

Made in the USA
Columbia, SC
06 October 2022